1 MONTH OF
FREE
READING

at

www.ForgottenBooks.com

By purchasing this book you are eligible for one month membership to ForgottenBooks.com, giving you unlimited access to our entire collection of over 1,000,000 titles via our web site and mobile apps.

To claim your free month visit:

www.forgottenbooks.com/free1258319

ISBN 978-0-365-60131-9
PIBN 11258319

LES
AVOUÉS DE SAINT-TROND

PAR

CONSTANT LECLÈRE

DOCTEUR EN PHILOSOPHIE ET LETTRES

LOUVAIN
TYPOGRAPHIE CHARLES PEETERS
LIBRAIRE-ÉDITEUR
RUE DE NAMUR, 20

PARIS
ALBERT FONTEMOING
ÉDITEUR
RUE LE GOFF, 4

1902

A

MES CHERS MAITRES

MESSIEURS LES PROFESSEURS A. CAUCHIE ET CH. MOELLER

HOMMAGE DE RESPECTUEUSE GRATITUDE

INTRODUCTION.

—

L'avouerie se retrouve partout au moyen âge ; il y eut
des avoués d'églises, de monastères, de pays, de villes, etc.
Ce sont cependant les avoués ecclésiastiques qui personni-
fient le mieux cette institution ; car ils appartiennent à la fois
à l'histoire civile et à l'histoire religieuse.

Le sujet de cette monographie sera : « Les Avoués du
monastère de Saint-Trond », l'une des plus importantes
communautés religieuses de notre pays.

Ce travail, élaboré au Séminaire historique sous la direction de M. Cauchie, a été présenté, en 1897, comme thèse
doctorale à la Faculté de philosophie et lettres de l'Université de Louvain (1). Depuis lors, M. A. Hansay a publié
une importante *Étude sur la formation et l'organisation
économique du domaine de Saint-Trond*, dont un chapitre
est consacré aux avoués (2). Néanmoins, il nous a semblé que
la publication de ce beau mémoire ne devait pas nous

(1) V. *Rapport sur les travaux du Séminaire historique, pendant l'année
académique 1896-1897*, par M. l'abbé ALPH. VAN HOVE dans l'*Annuaire
de l'Université Catholique de Louvain*, p. 342. Louvain, 1898.

(2) *Université de Gand. Recueil de travaux publiés par la Faculté de
philosophie et lettres*, 22e fascicule. Gand, 1899.

empêcher de faire paraître notre dissertation ; car nous
avions fait de ce point particulier l'objet de toute notre
étude et, d'ailleurs, nous nous étions placé au point de
vue plus général des institutions plutôt qu'au point de vue
spécial de l'histoire économique.

Nous nous sommes en effet efforcé de suivre, dans son
évolution, l'avouerie du monastère de Saint-Trond, en la
rattachant à l'histoire générale des institutions de ce genre.

Si nous avons pu entreprendre et conduire à terme ce
modeste travail, c'est, comme nous venons de l'insinuer,
grâce à Monsieur Cauchie, qui nous a dirigé avec sollicitude
au cours de nos recherches laborieuses, et à Monsieur le
professeur Mœller, dont les conseils nous furent d'une
grande utilité. Il nous est très agréable de leur offrir ici
l'hommage de notre profonde reconnaissance. Nous croyons
acquitter un devoir en dédiant cet opuscule à nos anciens
maîtres.

Nous devons aussi exprimer toute notre gratitude à
Monsieur le professeur Bondroit, qui a bien voulu relire
notre manuscrit et nous suggérer diverses améliorations,
ainsi qu'à Monsieur l'archiviste Van der Mynsbrugge, qui a
eu l'obligeance de collationner les pièces justificatives aux
Archives générales du Royaume à Bruxelles.

Avant d'aborder l'examen des problèmes que comporte
cette étude, il convient d'indiquer au lecteur les sources et
les principaux travaux qui lui ont servi de base.

Au point de vue de l'institution en général, nous avons
pris pour guides deux monographies sur l'avouerie, l'une, du
baron Jules de Saint-Genois (1), l'autre de Georges Blondel (2),

(1) J. DE SAINT GENOIS, *Histoire des avoueries en Belgique*, Bruxelles,
Hauman, 1837.
(2) G. BLONDEL, *De advocatis ecclesiasticis in rhenanis praesertim
regionibus, a nono usque ad tredecimum saeculum.* Paris, Picard, 1892,

ainsi que divers ouvrages généraux sur les institutions de l'époque (1).

En ce qui regarde l'avouerie de Saint-Trond, les renseignements nous font défaut jusqu'au milieu du xi⁰ siècle. Les nombreux désastres qui ont assailli l'abbaye, les invasions des Normands, les incendies (2), ont entraîné la destruction des documents ; et si nous constatons la présence d'avoués dès le milieu du x⁰ siècle, il nous est cependant impossible de suivre l'institution avant 1065.

Pour les origines, nous avons dû forcément procéder par analogie, en étudiant sommairement l'avouerie de quelques autres monastères du pays de Liége : Stavelot, Saint-Hubert, Brogne et Gembloux (3). Dès le milieu du xi⁰ siècle, les documents abondent à Saint-Trond ; nous avons pris pour bases de notre travail, le *Cartulaire de l'abbaye de Saint-*

(1) L. Schücking, *Das Gericht des westfälischen Kirchenvogts* (900-1200). Münster, 1897.

Edmond Poullet, *Histoire politique nationale. Origines, développements et transformations des Institutions dans les Anciens Pays-Bas*, 2⁰ édition. 2 vol. Louvain, Ch. Peeters, 1882.

H. Pirenne, *Histoire de Belgique*, t. I, Bruxelles, Lamertin, 1900.

J. Flach. *Les Origines de l'ancienne France*, 2 vol. Paris 1886-1893.

P. Viollet, *Droit public. Histoire des Institutions politiques et administratives de la France*, 2 vol., Paris, Larose, 1890-1898.

Fustel de Coulanges, *Histoire des Institutions politiques de l'ancienne France*, t. V, 1890 ; t. VI, 1892.

E. Bonvalot, *Histoire du droit et des Institutions de la Lorraine et des Trois Evêchés*, Paris, Pichon, 1895.

G. Waitz, *Deutsche Verfassungsgeschichte*, t. VII, Kiel.

K. Lamprecht, *Deutsches Wirtschaftsleben im Mittelalter*, I² Darstellung. Leipzig, 1886.

H. Brunner, *Deutsche Rechtsgeschichte*, 2 vol. Leipzig, 1887-1892.

R Schröder, *Lehrbuch der deutschen Rechtsgeschichte*, 3⁰ édition, Leipzig, 1898.

(2) Destructions du monastère de Saint-Trond : an. 1085, *Gesta abb. trud. Gesta Rodulfi*, l. 2, n° 13 ; An. 1114 à 1136, quatre dévastations, *Ibidem*, Contin 1ᵃ, l. 12, n° 14.

(3) Principalement pour les diplômes d'immunité et de constitution d'avouerie.

Trond, les *Gesta abbatum trudonensium*, et le *Livre de l'abbé Guillaume de Ryckel* (1).

* *

A ces préliminaires sur l'objet et les sources de notre étude, il ne sera pas inutile, pour permettre au lecteur de suivre plus aisément notre exposé, d'ajouter quelques mots sur le domaine de l'abbaye et sur sa dépendance tant au point de vue spirituel qu'au point de vue temporel.

Le domaine de Saint-Trond comprenait, au milieu du XIIIe siècle, le bassin du Démer, depuis la source de cette rivière jusque Diest (2). Le noyau était l'héritage de Saint-Trudon, qui avait fondé le couvent dans la dernière moitié du VIIe siècle, mais il avait été considérablement agrandi. Le saint fondateur possédait des domaines très étendus en Hesbaye et en Campine, dont le centre était Sarchinium (3), et dont il dota son œuvre.

Au cours des siècles, le patrimoine des religieux s'accrut considérablement par l'apport des nouveaux moines (4), les

---

(1) A noter particulièrement : J. DEMAL, *L'Avouerie de Saint-Trond. Épisode de l'histoire de cette ville*, Saint-Trond, 1856 ; PIOT, *L'Avouerie de Saint-Trond*, dans l'*Introduction au Cartulaire*, t. I ; J. DARIS, *L'Avouerie de Saint-Trond*, dans *Notices historiques sur les Églises du diocèse de Liège*, t. XII (1885), pp. 110-122.

(2) *Le Livre de l'abbé Guillaume de Ryckel* (1249-1272). Polyptique et comptes de l'abbaye de Saint-Trond au milieu du XIIIe siècle, publiés par H. PIRENNE, Bruxelles, Hayez, 1896.

(3) Aujourd'hui Zerkingen. Cfr. D'ACHERY ET MABILLON, *Acta Sanctorum ordinis Sancti Benedicti*, t. II, p. 1099 et suivantes ; *Gesta abbatum trudonensium*, continuatio 3^a, n° 16.

(4) « Quando vult aliquis, ut fiat coenobialis,
　　Ex omni quod habet partes faciat tres.
　　Unam pauperibus det, et una domi teneatur,
　　Tertia debetur sanctis ad quos gradiatur.

. . . .

　　Si quis suam prolem fieri vult coenobialem,
　　De toto quod habet partem deponere debet
　　Prolis, ut ecclesiae secum ferat introeundae ».
Gesta abb. trudon. Lettre de l'abbé Rodolphe, à la fin de la continuatio 1a.

nombreuses donations dues à la générosité pieuse des fidèles, les achats et les échanges. Ces agrandissements incessants sont mentionnés dans le *Cartulaire de l'abbaye de Saint-Trond* (1), dans les *Gesta abbatum trudonensium* (2) et dans le *Livre de l'abbé Guillaume de Ryckel.*

Çà et là, une bulle des papes (3) donne l'ensemble des possessions du monastère à une époque déterminée, et l'on peut constater que celles-ci, outre le centre dont nous venons de parler, ont des ramifications importantes en Hollande, sur les rives de la Meuse inférieure, sur le Rhin et la Moselle ainsi que dans le Condroz (4).

Par sa situation géographique, le monastère de Saint-Trond faisait partie du diocèse de Liége, et il était soumis à la juridiction spirituelle des évêques de ce diocèse. Quant à la juridiction temporelle, elle appartenait aux abbés et aux évêques de Metz, par suite de la donation qu'avait faite saint Trudon de ses biens à l'église de Saint Étienne de Metz (5). Cependant, à partir de 1227, l'abbaye et la ville de Saint-Trond furent incorporées à la principauté de Liége, en vertu de l'échange de Maidières près de Metz, possession des évêques de Liége, contre la cité de Saint-Trond (6).

---

(1) *Le Cartulaire de l'abbaye de Saint-Trond*, tomes I et II, publié par CH. PIOT, Bruxelles, Hayez, 1870-1874.

(2) *Gesta abbatum trudonensium*, dans les *Monumenta Germaniae historica, Scriptores* t. X, et *Chronique de l'abbaye de Saint-Trond*, publiée par C. DE BORMAN. 2 vol. Liége, Grandmont-Donders 1877.

(3) *Cartulaire de Saint-Trond*, I : an. 1107, p. 29; an. 1161, p. 97; an. 1178, p. 134.

(4) Pour la formation du domaine, voir A. HANSAY, *Étude sur la formation et l'organisation économique du domaine de l'abbaye de Saint-Trond*, Gand, Engelcke, 1899, pp. 1-22.

(5) D'ACHERY et MABILLON, *AA. SS. BB.*, II. p. 1099 et suiv.

(6) Échange intervenu entre Hugues de Pierrepont, évêque de Liége, et Jean, évêque de Metz. Celui-ci abandonna la juridiction qu'il avait sur la moitié de la ville de Saint-Trond, et tous les droits que l'Église de Metz avait sur ses possessions au diocèse de Liége, contre la cour de

Cette dépendance du monastère explique les interventions fréquentes des évêques de Metz et de Liége dans ses affaires. Au cours de cette étude, nous verrons plus d'une fois ces princes ecclésiastiques dicter la loi aux avoués.

Maidières. *Gesta abb. trud.*, contin. 3ᵃ, *Gesta Johannis*, nº 4; *Cartulaire de Saint-Trond*, I, p. 187; MIRAEUS et FOPPENS, *Opera diplomatica*, III. p. 388.

CHAPITRE PREMIER.

Origine de l'Avouerie.

—

Dans les contrées de la Gaule qui furent le théâtre des guerres d'occupation et non d'une simple conquête politique, l'établissement des Germains eut pour résultat le partage du sol entre les principaux des Barbares, qui virent se grouper autour d'eux, non seulement leur ancienne clientèle, mais aussi les habitants du pays, même libres. Car l'existence de la petite propriété, déjà si précaire sous l'administration romaine, n'était guère possible à côté des grands domaines, surtout que le besoin de sécurité, en ces temps d'invasions et de guerres continuelles, poussait ce qui restait d'hommes libres à faire l'abandon de leurs terres à un puissant, en échange de sa protection. Ainsi la *recommandation*, qui dans les forêts de Germanie réunissait les moins forts sous l'égide des grands, s'épanouissait dans les plaines fertiles de la Gaule, en permettant aux faibles de vivre sur le domaine d'un homme capable de les défendre (1). Et au-dessus de tous ces groupes, planait le *mundium* ou protection spéciale du roi, qui était le gardien de la paix publique.

Cette organisation créa nécessairement des rapports entre le grand propriétaire et ceux qui habitaient sur ses terres : l'ensemble des institutions sociales qui régla ces

(1) Poullet, *Histoire politique nationale*, t. I, n° 302 ; P. Viollet, *Droit public*, t. I, pp. 419, 429 ; H. Pirenne, *Histoire de Belgique*, t. I, pp. 123-127.

rapports est connu sous le nom de *droit domanial*. Les habitants sont tenus à des redevances variées, qu'ils acquittent
auprès du *villicus* ou intendant chargé de diriger l'exploitation du domaine. Le maître, de son côté, les couvre de
sa protection, et il a sur eux le ban ou *bannum*, c'est-à-dire
le droit de donner des ordres avec clause pénale ; il exerce
encore la basse justice et représente ses hommes au tribunal
public (1). Chaque domaine est donc une sorte de monde
fermé, qui se confond avec le propriétaire au regard de
la loi.

La garde de celle-ci était confiée aux officiers du roi,
dont l'un des principaux, le comte, l'appliquait aux plaids
ou assemblées des habitants. Nous ne nous arrêterons
qu'aux plaids tenus au *mallum*, ou endroit fixe où se
réunissaient régulièrement, trois fois l'an, les habitants d'un
domaine ou d'une circonscription déterminée. C'est là que
le comte, entouré des hommes libres dont il choisissait un
certain nombre pour rendre les sentences, c'est-à-dire les
rachimbourgs, plus tard, les échevins, c'est là qu'il rappelait
aux habitants la loi et la coutume, recueillait les plaintes
des pauvres et des faibles, présidait à l'exercice de la
justice civile et criminelle, terminait les transactions et
percevait les redevances dues au fisc. Le comte n'était pas
seulement agent judiciaire et administratif, il était encore
agent politique, comme gardien de l'ordre et protecteur des
faibles, au rang desquels se trouvait l'Église, et agent militaire, parce qu'il recrutait des troupes, dont il avait le
commandement, pour l'armée du roi (2).

Ces importantes fonctions, amovibles d'abord, héréditaires
dans la suite, étaient confiées, avec une délégation de
l'autorité royale, par le souverain à des personnages jouis-

---

(1) POULLET, *Histoire politique nationale*, t. I, nos 137, 185, 188, 189 ;
BRUNNER, *Deutsche Rechtsgeschichte*, t. II, p. 308 ; E. Bonvalot. *Histoire...
de la Lorraine*, p. 104 ; H. PIRENNE, *L'Origine des constitutions urbaines
au moyen âge*, p. 3. Extrait de la *Revue historique*, t. LVII, 1895.
(2) POULLET, *op. cit.* t. I, nos 118, 223-228 ; P. VIOLLET. *Droit public*, t. I,
p. 426, note 1.

sant d'un prestige considérable, qui recevaient en guise de salaire un bénéfice distrait du domaine royal, et le tiers du produit des amendes judiciaires (1).

Cette organisation domaniale fut définitivement fixée par Charlemagne dans le *Capitulare de villis*, qui fut pendant plusieurs siècles une sorte de code rural. Elle échut en partage aux églises ainsi qu'aux monastères, dont les premiers apparaissent aux Pays-Bas au VIIe siècle, et dont les abbés, grâce à la générosité de leurs fondateurs et aux donations successives des fidèles, prirent bientôt les allures de grands propriétaires. Cependant, ce rôle était incompatible avec la vie religieuse des moines et des prêtres, à qui saint Paul avait défendu de s'occuper des intérêts matériels. En outre, il leur était interdit, par les canons des Conciles, de verser le sang et de porter des armes. Il y avait donc impossibilité pour un clerc d'exercer les droits domaniaux. Aussi, soit que, fondés par le roi, ils fussent assurés de la protection spéciale du prince, soit que, fondés par un grand, ils bénéficiassent de la sollicitude d'un seigneur temporel (2), les couvents étaient à la merci des agents royaux.

Si le propriétaire laïque, favorisé par l'unité de son domaine, pouvait se soustraire peu à peu au pouvoir des officiers publics, en remplissant lui-même leurs fonctions, il n'en était pas de même du propriétaire ecclésiastique, dont l'action était limitée et qui était réduit à subir la protection et l'intervention des agents royaux enclins à abuser de leurs prérogatives. Ses biens, disséminés dans le pays, étaient l'objet de la convoitise de puissants voisins peu scrupuleux sur le choix des moyens de s'agrandir ; parfois même les

(1) POULLET, *op. cit.* t. I, n° 118.
(2) POULLET, *op. cit.* t. I, n°⁵ 66, 67; TH. SICKEL, *Die Mundbriefe, Immunitäten und Privilegien der ersten Karolinger bis zum Jahre 810,* dans : *Sitzungsberichte der kaiserlichen Academie der Wissenschaften,* t. XLVII, 1864, pp. 175-277. — Les premiers sont les monastères royaux, comme celui de Stavelot, bâti sur une partie du fisc royal cédée à Saint-Remacle. Les autres sont plus indépendants du souverain, comme celui de Saint-Trond, fondé par un seigneur et placé sous la protection des évêques de Metz.

souverains, dans des circonstances difficiles, s'emparèrent des terres des églises pour satisfaire l'avidité d'une aristocratie exigeant un salaire pour sa fidélité (1).

Le « mundium » royal était donc insuffisant pour les monastères. C'est pourquoi les souverains, sentant leur faiblesse devant le mouvement ascendant de l'aristocratie, et désireux de s'assurer l'appui de sujets fidèles, résolurent d'affranchir complètement les domaines ecclésiastiques. Ils étaient d'ailleurs sollicités dans ce sens par les moines qui, par une recommandation expresse, s'engageaient à des services. Cette recommandation était d'un degré plus élevée que celle dont nous avons déjà parlé; elle rapprochait les propriétaires ecclésiastiques du roi, qui leur accordait en retour protection, assistance et dons.

Pour les évêques et les abbés, le service inhérent à la fidélité promise était le plus souvent d'ordre spirituel, et consistait en prières pour le souverain et la prospérité du royaume. En revanche, le roi leur octroyait des charges publiques par une déclaration expresse ou par la confirmation de leurs possessions (2). Le propriétaire ecclésiastique

---

(1) POULLET, op. cit. t. I, nº 320; Charles Martel sécularisa des biens d'églises. Cfr. A. BONDROIT, De Capacitate possidendi Ecclesiae necnon de regio proprietatis vel dispositionis dominio in patrimonio ecclesiastico aetate merovingica (A. 481-751), Lovanii, Van Linthout. 1900, tome I, pp. 227, 238 et suiv., 264. A. BONDROIT, Les « precariae verbo regis » avant le Concile de Leptines (a. 753), dans la Revue d'Histoire ecclésiastique, t. I, 1900, pp. 265 et 440 ; G. KURTH, Les Origines de la civilisation moderne, 3ᵉ édition, Bruxelles, 1892, t. II, p. 208; Notger, évêque de Liége, dut aussi donner la troisième partie des biens d'églises aux seigneurs « qui ecclesiam armis defenderent »; CHAPEAVILLE, Gesta episcopum... leodiensium, t. I, p. 218.

(2) Voir J. FLACH, Les origines de l'ancienne France, t. I; P. VIOLLET, Droit public, t. I. p. 400-402, 436; FUSTEL DE COULANGES, Étude sur l'immunité mérovingienne, dans la Revue historique, t. XXII (1883), p. 259 et suiv. ; BRUNNER, Deutsche Rechtsgeschichte, t. II, pp. 287, 293 ; Les services d'ordre spirituel sont dus aussi aux avoués : Lettre de Rodolphe à Waleran, Gesta abb. trud. fin continuatio 1ᵃ; PIRENNE, Histoire de Belgique, t. I. p. 112; Charte de Henri l'Aveugle, comte de Namur, pour l'abbaye de Brogne, de 1154, dans les Annales de la Société archéologique de Namur, t. V (1857-1858), p. 434. — Diplôme de Childeric II, de 670, en faveur de Stavelot, et diplôme de Thierry III, de 673

était ainsi investi du droit de justice, il était dispensé de
l'impôt foncier, il avait droit au cens de capitation et aux
redevances que le fisc percevait des habitants, et c'est à lui
que revenaient les amendes judiciaires ou *freda* jusqu'alors
réservées au trésor royal. Le roi se dépouillait donc de ses
droits en faveur du recommandé, et l'intervention de ses
agents sur le territoire privilégié n'avait plus sa raison
d'être. Aussi l'accès leur en fut-il formellement interdit par
la charte royale ou charte d'immunité. L'immunité consiste
donc dans l'inviolabilité du territoire, la franchise d'impôts
et l'affranchissement de la justice des officiers publics, et
tout cela sous la protection immédiate du souverain (1).

Mais, chose étrange, tous ces droits étaient dévolus à un
personnage qui ne pouvait en user sans violer les canons
des conciles. Ceux-ci, en effet, lui interdisaient de verser le
sang, et par conséquent, d'exercer la police, de condamner à
mort, d'exécuter les sentences, et d'opposer la force à la
violence de ceux qui menaçaient ses biens.

Qu'advint-il donc ? Le souverain désigna un seigneur
puissant pour le remplacer dans sa mission protectrice, ou

ou 681, pour la même abbaye : « quod... fuerit conlatum sub emunitatis
nomine, absque introitu judicum. Quo fiat, ut et nobis ad mercedem
proveniat, et ipsos servos Dei melius delectet pro regni nostri constantia
attentius Domini misericordiam deprecari... » MARTENE et DURAND,
Amplissima collectio... t. II, col. 10 et suiv.; *Recueil des ordonnances de
la Principauté de Stavelot*, éd. POLAIN, pp. 3, 4 ; Diplôme de Charles le
Simple pour l'abbaye de Brogne, de 914, dans les *Annales de la Soc. arch.
de Namur*, t. V (1857-1858), p. 419; Diplôme d'Otton I, pour l'abbaye de
Gembloux, de 946 « ut locus ille... ab omni secularium, tam majorum
quam minorum, domino esset immunis, sub solo tamen regiae defensionis
munimine constitutus... » *MGH. Diplomata*, t. I, p. 163.

(1) WAITZ, *Deutsche Verfassungsgeschichte*, t. VII, p. 222 et suiv.,
p. 320 ; FUSTEL DE COULANGES, *Étude sur l'immunité mérovingienne*,
dans la *Revue historique*, t. XXII (1883); P. VIOLLET, *Droit public*, t. I.
p. 327 et suiv., p. 400 et suiv. ; BRUNNER, *op. cit.* t. II, p. 289 et suiv.;
SCHRÖDER, *op. cit.* p. 176 et suiv. ; POULLET, *op. cit.* t. I, nᵒˢ 322, 323 ;
F. VON WIEKEDE, *Die Vogtei in den geitslichen Stiftern des fränkischen
Reiches von ihrer Enstehung, bis zum Aussterben der Karolinger in
Deutschland*. Lubeck, Schmidt 1886. p. 7-10; A. HANSAY, *Les Origines de
l'État liégeois* dans la *Revue de l'Instruction publique en Belgique,
t. XLIII, 1900, p. 81 et suiv.

bien il délégua ses pouvoirs à l'homme choisi par les moines,
en lui donnant le *bannum*, ou droit de commander et de
rendre la justice. Ce personnage remplaça le comte aux
plaids, rendit la justice avec les échevins, exécuta les sentences, et soutint le propriétaire dans l'administration du
domaine (1). On lui donna le nom d'*advocatus* ou avoué,
vocable par lequel on désignait celui qui, déjà du temps de
l'empire romain, représentait des groupes impersonnels,
comme le Sénat, les Civitates, l'Église, devant les pouvoirs publics, et particulièrement en justice (2). On peut dire
que l'avoué est un officier d'immunité, dont l'institution a
pour but la protection intérieure et extérieure des domaines
ecclésiastiques affranchis. Il défend les moines et leurs
propriétés contre les agressions du dehors ; il les protège
aussi contre les troubles du dedans, par son intervention
dans l'exercice de la justice et dans l'administration.

En règle générale, on prenait comme avoué le seigneur
dans le domaine duquel se trouvaient les propriétés ecclésiastiques, et si, à cause de la dispersion de ses biens, une
église avait à la fois plusieurs avoués, chacun de ceux-ci était
investi de la protection et de la juridiction, sans que jamais
ces fonctions paraissent avoir été divisées (3). Telle n'est
cependant pas l'opinion de J. de Saint-Genois, « qui établit
» une distinction entre l'avouerie militaire et l'avouerie judi-
» ciaire, fait naître celle-là avant celle-ci, et fixe leur réunion
» au xe siècle. L'avouerie militaire fut une suite de l'insécu-

---

(1) POULLET, *op. cit.* t. I, n° 241 ; SCHRÖDER, *op. cit.* p. 197 ; Diplôme de
Henri l'Oiseleur pour Brogne, an. 932, dans les *Annales de la Soc. arch.
de Namur*, t. V, p. 423. *M.G.H. DD.*, t. I, p. 163 ; Voir appendice, n° 1. —
Extrait d'un registre aux causes servans par devant Gouverneur et gens
du Conseil, reposant aux archives de l'État a Namur : « Les reliefs de
Saint-Hubert disent que la ville d'Assenoy appartient à la dite église, et
que en icelle ils ont toute justice et seigneurie haute, moyenne et basse,
jaçoit ce que (bien que) pour l'exécution du sang, eu regard qu'ils sont
gens d'église, un seigneur de Buillon en soit l'advoué ». Cfr. *Annales de
la Soc. arch. de Namur*, t. II (1851) p 169, note.

(2) DURUY, *Histoire des Romains*, t. VII, p. 564 ; P. VIOLLET, *Droit
public*, t. I, pp. 141-145.

(3) BRUNNER. *op. cit.* t. II, p. 309 ; SCHRÖDER, *op. cit.* p. 179.

» rité des domaines ecclésiastiques ; elle était conférée par
» le roi. L'avouerie judiciaire, elle, fut une conséquence de
» l'immunité ; elle dépendait de l'abbé. Ce n'est que plus
» tard, quand les avantages économiques d'une fusion entre
» les deux espèces d'avoueries se firent sentir, que le souve-
» rain se mit d'accord avec les chefs ecclésiastiques pour fixer
» les devoirs et les droits de l'avoué désormais unique » (1).

Mais de Saint-Genois ne cite, à l'appui de sa thèse, aucun
document qui permette de conclure à l'existence de deux
avoués revêtus de pouvoirs aussi distincts (2). A l'origine, les
domaines ecclésiastiques étaient sous la protection du roi et
de ses officiers, ou sous la tutelle du seigneur temporel, tel
le monastère de Saint-Trond (3). Ensuite, le diplôme d'immunité, d'ordinaire postérieur à la fondation du couvent,
loin de signaler l'existence d'avoués antérieurs, ne parle
qu'exceptionnellement de ces agents, dont il n'aurait pas
manqué de déterminer les devoirs et les droits. D'autre
part, les chartes de constitution d'avouerie ne confient la
garde des biens affranchis qu'à un seul seigneur, remplaçant
le comte, et, si elles en mentionnent plusieurs, chacun d'eux
réunit la protection et la juridiction (4). Enfin, il serait sans
exemple que des personnages puissants et nullement désinté-
ressés se fussent laissé dépouiller bénévolement d'une charge
aussi lucrative, car, lors de la fusion des deux avoueries,

(1) DE SAINT-GENOIS, Avoueries, pp. 14-26 ; — Cfr. DUCANGE, Glossarium
mediae et infimae latinitatis, V. advocati; THOMASSIN, Ancienne et
nouvelle discipline de l'Église, 1678, Pars I, lib. II, c. 97 et 98.

(2) Sur ce point, notre opinion est corroborée par WAITZ, Deutsche
Verfassungsgeschichte, t. VII, p. 320, note 2 : « Die übliche Unterschei-
dung zwischen einer Schirmvogtei und gewognlichen Vogtei (MONTAG II,
S. 219 ff. ; WARNKÖNIG, Fl. RG., III, 1 S. 375; St Genois, S. 14 ff.) ist in
den Quellen nicht begrundet; auch was der letzte, S. 24 ff., von einer
Vereinigung der avouerie militaire und judiciaire, wie er sich ausdrückt,
in der Zeit nach Karl. d. Gr. sagt, ohne beleg »

(3) Le monastère de Saint-Trond fut défendu contre ses ennemis par
les princes-évêques de Metz, cfr. Gesta abb. trud., Gesta Rodulfi et Continuatio 3ª; DOM CALMET, Histoire de Lorraine, t. I, p. 883.

(4) Diplômes d'immunité pour les abbayes de : Prüm, dans BEYER,
Mittelrheinisch Urkundenbuch, t. I, pp. 138, 463; Stavelot, Brogne,
Gembloux, cfr. ci-dessus, p. 4.

l'un des deux titulaires aurait dû s'effacer devant l'autre. Au moyen âge, loin d'abandonner avec indifférence leurs préro- gatives, les seigneurs ne cherchaient qu'à les augmenter, et ce n'est qu'après bien des luttes et des protestations qu'on serait parvenu à une telle réunion. Or, les documents qui auraient réglé cet arrangement, on ne les a point ; les chro- niques, qui auraient relaté les difficultés et les contestations provoquées par une telle mesure, sont muettes à ce sujet.

Quelle conclusion tirer de ceci ? D'abord, l'existence simultanée des avoués militaires et des avoués judiciaires n'est pas prouvée, elle n'est aucunement nécessaire, et elle n'est pas possible eu égard à la réunion ; ensuite, la succes- sion du comte n'a été dévolue qu'à un seul avoué, comme le montre l'analogie qui existait entre ces deux agents, en ce qui regardait leurs fonctions et leurs droits (1). « Il ne » semble pas, dit Fustel de Coulanges (2), que dans la pra- » tique on les distinguât beaucoup les uns des autres. Les » hommes voyaient dans les uns des agents du comte, » comme dans les autres des agents de l'évêque ».

Si, dans la suite, nous constatons dans une seule commu- nauté la présence de plusieurs avoués investis de la même somme de pouvoirs, c'est une conséquence de l'agrandisse- ment irrégulier des propriétés et une suite des évènements historiques. L'accroissement de la sphère d'action rendait lourde la mission du défenseur, surtout que les biens des moines étaient dispersés : il fallut des avoués dans les diffé- rentes contrées où se trouvaient des possessions, et, comme cette charge était lucrative, la plupart des nombreux sei- gneurs qui apparaissent vers le Xe siècle (3), tâchèrent de s'en faire revêtir. D'autres, les plus puissants, profitèrent du bouleversement de l'empire carolingien, et des invasions des Normands en particulier, pour s'emparer de la juridiction et même de la souveraineté sur les terres abandonnées par les

---

(1) BONVALOT, op. cit. p. 83 ; POULLET, op. cit. t. I, nᵒ 241.
(2) *Histoire des Institutions de la France*, t. VI, p. 443.
(3) POULLET, op. cit. t. I, nᵒ 339. WAITZ, Op. Cit. t. VII, p. 332.

moines sans défense (1). Lorsque ceux-ci rentrèrent dans leurs couvents enfin rebâtis (2), ils furent obligés d'accepter la tutelle de leurs spoliateurs, et, comme les évêques de Metz, Drogon et Albéron II, en même temps abbés de Saint-Trond, ils durent lutter pour rentrer en possession de leurs biens (3).

L'attribution de l'avouerie de certains biens aux seigneurs des pays où ils étaient situés, rendit bientôt cette charge héréditaire, et la fit entrer dans la féodalité. Lorsque les grands feudataires eurent formé peu à peu leurs principautés, avec, sous leur dépendance, une foule de seigneurs et d'avoués, l'avouerie prit entre leurs mains un caractère de protection générale, et ils furent suzerains des seigneurs, à la fois pour les domaines de ceux-ci et pour l'avouerie.

Celle-ci devint donc hiérarchique, et, si elle s'éparpilla par la base, elle s'unifia au contraire par le sommet, suivant en cela les vicissitudes de la féodalité.

Cependant, qu'il fût avoué supérieur ou simplement avoué, le titulaire avait toutes les attributions de la charge de protecteur, qui resta identique à elle-même pendant toute sa durée. Charlemagne avait réglé minutieusement les fonctions et les droits de l'avoué protecteur et agent judiciaire, et ces dispositions étaient jalousement gardées par la coutume. A Saint-Trond, les attributions de l'avoué étaient déterminées par la tradition, et c'est seulement en 1065 qu'Albéron III, évêque de Metz et seigneur temporel du monastère, les fit entrer dans le domaine du droit écrit. Cette charte fut, dans la suite, la base des rapports entre le monastère et ses avoués, car elle fut reproduite par l'abbé Rodolphe (1119-1138), par Henri III de Limbourg, en 1176, et par Henri III, élu de Liége, en 1256 (4).

(1) POULLET, op. cit. t. I, nos 280 et 281 ; PIRENNE, Histoire de Belgique, t. I, p. 40.
(2) Le monastère de Saint-Trond, détruit par les Normands en 881, fut relevé par l'empereur Otton I, entre 935 et 940. M.G.H. DD. Ottonis I, t. I, no 11, p. 98; Gesta abb. trud. contin. 3ª, pars 1, livre 2, no 20.
(3) Gesta. abb. trudon. contin. 3ª pars 1, l. 2, nr 14, l. 3 nos 7, 8.
(4) Voir l'Appendice, Pièces justificatives.

La liste des abbés de Saint-Trond nous apprend que la souveraineté de ce monastère ne tomba jamais aux mains d'abbés laïques (1). Cependant nous voyons parfois les évêques de Metz, seigneurs temporels, assumer la direction de l'abbaye, surtout dans les circonstances difficiles, lorsqu'il fallait une main ferme pour arracher aux seigneurs voisins les terres et les droits usurpés (2). Dès les premiers temps de l'abbaye, Robert, duc ou comte en Hesbaye, semble protéger le monastère (3), et le roi Pepin fait rendre justice aux moines en punissant un voleur (4). Mais cette tutelle est occasionnelle, et c'est seulement au XIe siècle que l'avouerie est établie définitivement à Saint-Trond. Elle est un apanage de la maison de Duras jusqu'à la fin du XIIe siècle, date de l'extinction de cette famille. Elle passa à cette occasion aux comtes de Looz, héritiers de la seigneurie de Duras, et finit par tomber avec le comté de Looz en la possession des évêques de Liége. Ces dignitaires, qu'ils fussent seigneurs séculiers ou évêques, tenaient leur charge en fief des avoués supérieurs. L'avouerie suprême de Saint-Trond semble avoir été créée par les évêques de Metz en faveur des ducs de Lotharingie, vers le milieu du XIe siècle. C'est par suite du mariage de Waleran-Udon, comte de Limbourg, avec la fille de Frédéric, duc de Basse Lotharingie et haut avoué, qu'elle fut héréditaire dans la maison de Limbourg, jusqu'au moment où elle passa, avec le duché, aux ducs de Brabant. Ceux-ci, bien qu'ils fussent revêtus de cette dignité avant cet évènement, n'ont pris définitive· ment le titre d'avoué supérieur du monastère qu'à partir de la fin du XIIIe siècle.

Les avoués finirent par considérer les territoires ecclé-

---

(1) *Gesta abb. trud.*, *Gesta Rodulfi*, le début.

(2) *Gesta abb. trud.*, *Gesta Rudulfi*, l. 1, n° 1, et *Continuatio* 3^a, pars 1^a, l. 2, n° 14, l. 3, n° 7, 8, pars 2^a, l. 1, n° 12 ; *Cartulaire de Saint-Trond*, t. I, pp. 4, 6, 8, 11, ann. 837 à 959.

(3) *Gesta abb. trud.*, contin. 3^a, pars 1^a, l. 2. n° 3 et 7 ; *Cartulaire de Saint-Trond*, t. I, p. 1.

(4) Circa 752; *Gesta abb. trud.* contin. 3^a, pars 1^a, l. 2, n° 8.

siastiques comme une annexe à leurs domaines, parce que, grâce à l'hérédité et à la féodalité, ils y exerçaient leurs fonctions et y percevaient leurs droits comme sur leurs propres terres. En outre, ils étaient suzerains d'une nouvelle catégorie d'avoués, qui se composait de seigneurs se réservant des droits sur des biens qu'ils donnaient à l'abbaye, ou de chevaliers et de petits princes ayant obtenu l'avouerie sur des possessions particulières. Nous désignerons ces derniers sous le nom d'*avoués locaux*.

Cette multiplication insensée de l'avouerie et les abus excessifs de ces pseudo-protecteurs provoquèrent une vive réaction de la part des couvents. Aussi l'institution, affaiblie, deviendra inutile et disparaîtra. Cette fin s'explique par le rachat d'un grand nombre d'avoueries, l'organisation mieux appropriée des domaines ecclésiastiques, la disparition croissante des petites seigneuries absorbées par les grandes principautés ; enfin la loi, se dégageant des interprétations arbitraires de la coutume, prend une allure fixe, générale et puissante dans le droit écrit, et elle est représentée par des officiers territoriaux, tels que les baillis, et par des corps constitués, les échevinages.

CHAPITRE II.

Le choix de l'Avoué.

—

§ I.

CONDITIONS REQUISES.

Les fonctions que l'avoué est chargé de remplir lui supposent certaines qualités indispensables que nous trouvons confirmées par les documents. Appelé à recueillir la succession du comte comme agent protecteur, judiciaire et militaire, il fut choisi parmi les grands propriétaires du comté. Charlemagne donna force de loi à cette coutume (1). Nous voyons à Saint-Trond que les avoués sont des seigneurs voisins du monastère. Ce sont les comtes de Duras et de Looz, les ducs de Limbourg et de Brabant; et les avoués locaux ont tous des possessions dans les endroits dont ils ont la garde. Des princes aussi puissants avaient l'influence et le prestige nécessaires pour protéger efficacement les biens ecclésiastiques, et les chroniqueurs font remarquer tous les avantages qui pouvaient en résulter pour les couvents désormais assurés d'une paix indispensable à leur prospérité. Tout comme l'abbaye de Saint-Trond (2),

---

(1) « Ut advocati habeant in illo comitatu propriam haereditatem », Capitulaire d'Aix-la-Chapelle (801-813), dans *MGH., LL.* cap. 172.

(2) *Gesta abb. trud., Gesta Rodulfi*, l. 1, n° 10; MANTELIUS, *Historiae lossensis libri decem*, Leodii, 1717, p. 56.

les autres monastères avaient des défenseurs proches de leurs domaines : à Saint-Hubert, c'étaient les ducs de Lotharingie et les seigneurs de Mirwart (1), à Stavelot, les comtes de Laroche (2), à Gembloux, les comtes de Louvain (3).

Propriétaire d'un domaine, l'avoué était « homme libre », ainsi que l'attestent les nombreuses chartes où les *advocati* figurent sous la rubrique « liberi homines », « laici et nobiles isti ». Les fonctions mêmes de l'avoué supposaient la liberté : l'exercice de la police, de la justice, la réunion des plaids, où seuls les libres avaient un rôle prépondérant, le commandement des troupes, furent toujours un apanage des notables.

Enfin, cet agent devait être revêtu du « bannum regium », c'est-à-dire qu'il devait recevoir du roi une délégation spéciale, qui l'instituait protecteur et justicier des territoires affranchis. Or, le ban royal ne fut jamais accordé à un non-libre (4).

L'intérêt des moines s'accordait avec les préférences du souverain, pour confier cette mission à un noble ; en effet, quand une avouerie devenait vacante par suite du manque de postérité ou de la destitution du titulaire, on donnait à celui-ci pour successeur un de ses parents ou un des seigneurs du pays (5).

Les capitulaires semblent parfois réserver l'avouerie à des « scholastici », instruits dans le droit, afin que, tant au « mallum » du comte qu'à ses propres plaids, l'avoué soit à même de défendre les droits des religieux avec justice et

---

(1) *Chronicon S. Huberti*, dans *MGH. SS.*, VIII, passim.

(2) MARTÈNE et DURAND, *Ampliss. collect.*, t. II ; *Recueil des ordonnances de Stavelot.*

(3) *M.G.H. DD.* t. I, p. 163.

(4) Cfr. *ci-dessus*, p. 56.

(5) Diplôme de Charlemagne, de 813, dans BLONDEL, *De Advocatis*, p. 83 ; et d'Otton III pour Brogne, de 992, dans les *Annales de la Soc. arch. de Namur*, t. V, p. 426. Les avoués eux-mêmes prennent des dispositions de ce genre, comme Sigfried, comte palatin, avoué de Laach : « me autem defuncto, cuicumque filiorum meorum vel in posterum cuicumque heredum meorum bona mea lacum circumjacentia obvenerint hunc advocatum sibi fratres assumant ». an. 1112. *Analectes pour servir à l'histoire ecclésiastique*, etc., *Cartulaire d'Afflighem*, fascicule I, p. 38.

selon la loi ; de plus, celui-ci doit se montrer désintéressé et agir en bon chrétien, de façon à ce que moines et habitants n'aient qu'à se louer de son équité et de sa magnanimité (1).

De tout ce qui précède, il résulte que l'avoué était laïque, car les qualités qu'on exige de lui et les fonctions qu'on lui attribue sont, pour la plupart, incompatibles avec la condition de clerc (2). Si nous rencontrons parfois des clercs qualifiés du titre d'*advocatus*, c'est sans doute pour désigner les témoins qui, dans les premiers siècles, appuyaient de leur serment la cause de l'église ou des pauvres devant le tribunal public (3). Plus tard, cependant, nous verrons l'avouerie d'Aalburg et d'Helchteren aux mains des abbés de Saint-Trond, et celle de ce monastère au pouvoir des évêques de Liége. Mais, à cette époque, l'institution est sur son déclin, et les fonctions qu'elle comporte sont confiées à des officiers territoriaux de ces seigneurs. Quant aux « advocati » qui défendent les droits de l'abbaye contre les usuriers, et à ceux qui sont délégués à la cour du pape et de l'empereur, ce sont des légistes qu'il n'est pas permis d'assimiler aux avoués, et ils peuvent être clercs sans transgresser les lois ecclésiastiques (4).

---

(1) Concile de Mayence, 813, c. 20. « Omnibus igitur episcopis et abbatibus cunctoque clero omnino praecipimus, vicedominos, praepositos, advocatos sive defensores bonos habere ; non malos, non crudeles, non cupidos, non perjuros, non falsitatem amantes, sed Deum timentes et in omnibus justiciam diligentes ». THOMASSIN, *Anc. et nouv. discipline de l'Église*, t. I, p. 1157 ; t. III, p. 998. BLONDEL, *de Advocatis*, p. 28 ; VON WICKEDE, *op. cit.*, p. 23.

(2) BLONDEL, *de Advocatis*, pp. 5 et 28 ; THOMASSIN, *op. cit.* t. I, p. 1145 ; DUCANGE, *Glossarium*, V. *advocati* ; VIOLLET, *Droit public*, t. I, p. 380 et suiv. ; BRUNNER, *op. cit.*, t. II, p. 310.

(3) « Et talis sit ipse advocatus, liber homo et bone opinionis, laicus aut clericus, qui sacramento pro causa ecclesiae... » *Capitulaires des rois francs* (Pepin, 782-786) *MGH* p. 192.

(4) *Le livre de l'abbé Guillaume*, p. 22, note 1, et pp. 334, 335, années 1248, 1251. Avoué de la cour de Liège : « magistro Henrico de Geldonia, advocato curie leodiensis, clerico » : an. 1319 ; dans *Cartulaire de Saint-Trond*, t. I, p. 451. L'abbé Guillaume envoya à Lyon, Laon, Cambrai et ailleurs, des témoins et des *advocati* pour terminer les difficultés qu'il avait avec les Lombards. Cfr. *Gesta abb. trud. Contin.* 3a, pars IV, l. 1. *Gesta Wilhelmi*, no 2.

§ II.

LA NOMINATION DES AVOUÉS.

Le privilège d'immunité reprend les pouvoirs aux officiers publics, pour les remettre au seigneur temporel des domaines ecclésiastiques ou bien au roi. C'est donc à ceux-ci que revient le choix de l'avoué, puisque ce sont eux qui lui transmettent la protection et la juridiction des biens affranchis.

Les avoués supérieurs du monastère de Saint-Trond tiennent leur charge des évêques de Metz. Dans la charte de 1065, Albéron III déclare qu'il avait donné l'avouerie à son frère Frédéric de Lotharingie, et que, à ce moment, Waleran-Udon de Limbourg la possédait en fief (1). Avant cette époque, les évêques de Metz semblent avoir rempli eux-mêmes cette mission, en défendant les possessions du couvent contre les seigneurs voisins.

Mais quand le roi lui-même avait fondé le monastère, comme c'est le cas pour Stavelot, ou quand le fondateur allait le supplier de prendre sous sa tutelle souveraine son œuvre naissante, c'est de la main royale que le domaine ecclésiastique recevait l'avoué. Et, à ce sujet, la constitution de l'avouerie de Gembloux mérite d'être signalée. « Dans la » crainte, dit Otton I, que la soif de domination des princes » séculiers ne fût un sujet de perturbation pour les religieux » servant le Seigneur en paix, Guibert, fondateur du monas- » tère, vint en notre présence, accompagné de l'abbé Erluin, » et plaça cet endroit et ses dépendances sous notre défense » tutélaire. C'est pourquoi, par notre puissance impériale » et sous la foi de notre sceau, nous déclarons ce lieu libre » de toute seigneurie séculière, haute et basse, et placé sous » notre seule sauvegarde royale. Mais, comme en cas de

(1) Adelbero.... advocatione ejusdem loci, quam eidem fratri meo (Frederico) dederam in beneficio........ .... presente domino Udone, fratris mei successore, eandem advocatiam in beneficio a nobis habente... ». Voir *Pièces justificatives I.*

» besoin, il serait difficile aux moines de se réclamer de
» notre protection, à cause de l'éloignement, nous donnons
» l'avouerie, d'après le choix de Guibert et des frères, à
» Lambert, comte de Louvain, qui nous suppléera dans la
» défense de l'abbaye de Gembloux. » Le roi prend sous sa
protection le recommandé et ses possessions, et pour
assurer l'exécution de son décret, ce qu'il ne peut faire à
cause des soucis de la couronne et de l'éloignement de ses
pupilles, il délègue ses pouvoirs au prince désigné par les
religieux (1). Cette consécration de l'avoué par le don du
ban royal en fait le lieutenant du souverain, lui permet
d'exercer des fonctions publiques dans un territoire soustrait
au pouvoir central, et rattache l'avouerie au domaine des
institutions publiques. Et c'est ce caractère qui explique
cette disposition des capitulaires sur laquelle on n'est pas
d'accord, que « l'avoué doit être choisi en présence du comte
et du peuple ». La substitution de l'avoué à l'officier royal
était trop importante pour ne pas être solennelle. Elle avait
sans doute lieu au « mallum » où, en présence du peuple
assemblé, le comte remettait ses pouvoirs à son successeur,
et le présentait à ses nouveaux administrés. Ce n'était pas
la nomination de l'avoué, mais plutôt son entrée en fonc-

---

(1) Qui (Wicbertus fundator) procavens in futurum scilicet ne aliquando
secularis potentiae homines aliqua persuasione vel injusta dominatione
conturbent quietem fratrum deo famulantium.

Recommandation : adiit presentiam nostram cum venerabili Erluino
ejusdem loci abbate, et locum ipsum cum omnibus ad eum pertinentibus
nostrae defensioni et tutelae commisit.

Immunité : Quod nos gratanter accepimus, et nostra imperiali auctoritate decrevimus et sigilli nostri impressione roboravimus, ut locus ille
in perpetuum cum omnibus quae ad ipsum pertinent, ab omni secularium,
tam majorum quam minorum, dominio esset immunis, sub solo tamen
regiae defensionis munimine constitutus.

Constitution d'avouerie et choix de l'avoué : Verum quia fratribus
ejusdem loci, si quando incumberet aliqua necessitas, grave nimis est
propter terrarum longiquitatem, provinciam regis semper adire, cum
electione ipsius domini Wicberti et abbatis et fratrum, dedimus advocatiam ipsius abbatiae, id est de Gemblours, Lamberto comiti Lovaniensi,
viro forti et bellicoso, qui vice nostra contra omnium inquietationem
adjutor eorum esset et defensor. » *MGH. DD.* t. I, p. 163; DE SAINT-
GENOIS, *Avoueries*, p. 192.

tions, qui avait lieu en présence du comte et du peuple (1).

Telle nous paraît aussi l'intervention des *missi* dans le choix des avoués (2).

Le roi ne pourvut pas toujours aux avoueries chaque fois qu'un poste devint vacant; il laissa d'ordinaire ce soin aux évêques ou aux chefs ecclésiastiques (3). Les évêques de Liége nommaient les avoués des monastères de Saint-Jacques (4) et de Saint-Laurent (5), et, après la délégation que leur donna à cet effet l'empereur Otton III, en 984, ceux de Gembloux (6). De même, si l'avoué de Brogne vient à outre-passer ses droits, et qu'en ce moment l'empereur absent soit dans l'impossibilité de le punir, l'abbé du monastère et l'évêque de Liége pourront le destituer, lui donner un successeur et revêtir celui-ci du caractère d'avoué (7). Souvent aussi, le fondateur d'une abbaye se réserve l'avoue-rie de celle-ci (8); mais cela se rencontre surtout dans les donations de terres particulières, et à une époque relative-ment récente (9).

(1) « ut advocati in presentiam comitis eligentur », *Lex Langobar-dorum*, l. II, tit. 47 et 64; « ut advocati cum comite et populo eligantur » Capitulaires d'Aix-la-Chapelle (809), cap. 22; de Charlemagne et de Pepin (801-810), cap. 11; de Louis le Pieux (822-823) cap. 9, dans *MGH. LL.*, éd. *Boretius*, t. I, 151, 210, 319. BLONDEL, *de Advocatis*, p. 20-21; FUSTEL DE COULANGES, *Histoire des Institutions de la France*, t. VI, p. 447-448; WAITZ, *Deutsche Verfassungsgeschichte*, t. IV, p 396-397, t. VII, p. 341-343.

(2) *M.G.H., LL.*, éd. *Boretius*, t. I, p. 115.

(3) POULLET, *op. cit.* t. I, n° 241; BRUNNER, *op. cit.* t. II, p. 310; SCHRÖDER, *op. cit.*, p. 197-198; VON WICKEDE, *op. cit.*, p. 21; WAITZ, *Op. cit.* t. VII, p. 326-327.

(4) Charte de Baldric, évêque de Liége, an. 1016, dans les *Bulletins de la Commission royale d'Histoire*, 1e série, t. IX (1845), p. 22; DARIS, *His-toire de Looz*, t. I, p. 386.

(5) Charte de Réginard, évêque de Liége, an. 1034 : DARIS, *Le cartu-laire de l'abbaye de Saint-Laurent*, dans le *Bulletin de la Société d'art et d'histoire du diocèse de Liége*, t. II (1882), p. 143.

(6) MIRAEUS et FOPPENS, *Op. diplom.* t. II, p. 807.

(7) Diplôme d'Othon III pour Brogne, dans *Société arch. de Namur*, t. V, pp. 423, 426.

(8) ERNST, *Histoire du Limbourg*, t. II, p. 295-296; MANTELIUS, *Hist. loss.* pp. 106-108; WAITZ, *Deutsche Verfassungsgeschichte*, t. VII, p. 328-329.

(9) *Cartulaire de Saint-Trond*, t. I, pp. 63, 68; ERNST, *Ibidem*, t. VI, pp. 124, 136.

Le roi cependant ne laisse pas pleine liberté d'allures à
ceux à qui il a confié la mission délicate de défendre les
biens d'église. Dès qu'un avoué forfait à ses devoirs, il lui
retire ses pouvoirs, sans pour cela empiéter sur le droit des
religieux à la libre élection, et cette fermeté du souverain
est une censure suspendue constamment sur la tête des
seigneurs enclins à s'agrandir aux dépens de ceux qu'ils
devraient protéger (1).

Il ne parait pas que l'avouerie ait jamais été temporaire,
c'est-à-dire, conférée pour un certain laps de temps ou pour
des circonstances déterminées, car l'avoué fut appelé à
remplacer le comte à une époque où le comitat était inamo-
vible. D'autre part, ses fonctions, comme protecteur et
justicier, exigent une action continue et non intermittente.
Si Charlemagne dit que les moines de Reichenau pourront
choisir un autre avoué après la mort de celui qu'il leur a
donné (2), il n'en faut pas conclure que l'avouerie ait été au
début conférée à vie. Cela pourrait être vrai en théorie,
mais les circonstances qui attribuaient la tutelle des monastères à un grand seigneur voisin, lequel avait en quelque
sorte des droits acquis à cette charge, maintenait l'avouerie
dans une même famille. Cette institution fut, par la force
des choses, héréditaire dans une maison, parce qu'elle était
intimement liée au domaine propre du défenseur du monastère. C'est ainsi qu'elle entra dans la féodalité, et qu'elle fut
donnée en bénéfice tout comme une seigneurie. Aussi est-ce
à tort que Mantelius considère Otton de Duras comme le
premier avoué héréditaire de Saint-Trond, parce qu'une
charte désigne son père Gislebert « *advocato monasterii*
» *tum existente* »; ce qui veut dire que, à cette époque, et
non à cette occasion, Gislebert était avoué (3).

---

(1) Diplôme de Charlemagne, dans BLONDEL, *De Advocatis*, p. 83;
diplôme de Otton III, dans *Société archéol. de Namur*, t. V, p. 426 ; donation d'Arnould de Looz à l'abbaye de Saint-Jacques à Liége, ERNST, *Histoire du Limbourg*, t. VI, p. 131 ; Diplôme de Frédéric, roi des Romains,
pour l'abbaye de Gembloux, an. 1153 ; CRH. IVᵉ série, t. II (1875), p. 275.

(2) BLONDEL, *De Advocatis*, p. 83.

(3) A. 1023; *Cartulaire de Saint-Trond*, t. I, p. 14; WOLTERS, *Codex
diplomaticus lossensis*, p. 26 ; Mantelius, *Hist. loss.* p. 55.

Il résulte de ce texte que, en 1023, les seigneurs de Duras étaient avoués du monastèrc de Saint-Trond, et c'est d'eux sans aucun doute que parle Albéron III en 1065, en déclarant que ses prédécesseurs n'avaient jamais accordé aucun droit à l'avoué dans certaines villas (1). Ces pàroles font avec raison supposer que l'avouerie de cette abbaye était aux mains de seigneurs du pays plus anciens que les comtes de Duras. Malgré nos recherches et nos désirs d'apporter une solution à cette question, force nous est de rester dans des conjectures. Des actes du xe siècle font mention d'avoués. Ce sont Rotfriede, Ruotbert, Werner (2).

Ce dernier n'est-il pas ce personnage désigné sous le nom de Werentharius (Werner), à qui fut confié le comté de Hesbaye après l'exil du comte Rodolphe sous Brunon, duc de Lotharingie? Il y a concordance de dates, car Werner devait être comte de Hesbaye en 958, et c'est en 959 qu'il apparaît comme avoué à Saint-Trond. En outre, le monastère étant situé en Hesbaye, et l'avoué devant avoir ses propriétés dans le voisinage des biens qu'il protégeait, on est tenté de voir dans ces seigneurs, ancêtres des comtes de Looz et de Duras, les avoués de cette abbaye (3). Que penser alors de Robert, comte en Hesbaye, qui dans la première moitié du $vIII^e$ siècle, favorise tout spécialement le couvent de Saint-Trond (4)?

L'égalité qui existait au début entre les seigneurs comme avoués des biens d'un même couvent situés dans leurs domaines respectifs, ne fut pas de longue durée. Grâce aux circonstances politiques et à la féodalité, les grands feudataires régionaux exercèrent sur les autres avoués une prépondérance considérable comme suzerains, ou bien ils furent investis de l'avouerie supérieure.

Lorsqu'ils obtiennent l'avouerie d'un monastère récemment

---

(1) « in quibus nunquam omnino a meis prioribus aliquid juris concessum est advocato ». Voir *pièces justificatives*, I.

(2) *Cartulaire de Saint-Trond*, an. 927-964, 956, 959, t. I, pp. 6, 10, 11.

(3) Cfr. L. VANDERKINDERE, *A propos d'une charte de Baldéric d'Utrecht*, dans *Bulletin de l'Académie royale de Belgique, classe des Lettres*, 1900, 1e livraison.

(4) Voir plus haut, p. 10.

fondé, c'est à eux que revient le choix de celui qui les remplace (1); si, d'un autre côté, ils doivent leur charge à leur suprématie politique, les autres avoués deviennent leurs vassaux (2). Dans l'un et l'autre cas, les avoués tiennent l'avouerie en fief de ces princes, et c'est en qualité de suzerains, comme autrefois les rois, et d'après la mode féodale, qu'ils destituent leurs vassaux prévaricateurs, comme cela arriva en 1128 et 1188 à Gislebert et à Conon, comtes de Duras, qui furent déclarés déchus par les ducs et comtes de Limbourg (3). Le roi ou le seigneur temporel leur concède formellement le droit de choisir un lieutenant (4) qui est l'avoué ou le sous-avoué, grand propriétaire voisin du monastère, et vassal à la fois pour son domaine et pour l'avouerie. C'est ainsi que les comtes de Duras et leurs successeurs, les comtes de Looz et les évêques de Liége, vont à leur avénement faire relief auprès des avoués supérieurs, les ducs et comtes de Limbourg et les ducs de Brabant (5).

Comme la multiplication et la division de l'avouerie étaient dangereuses pour les monastères, les souverains défendaient aux avoués de remettre leur charge à plus d'un sous-avoué (6). Cependant, au xiie siècle et peut être avant

(1) Cfr. les diplômes de : Otton I à l'abbaye de Gembloux ; Lothaire II et Conrad III à celle de Stavelot, dans *Recueil des ordonnances de Stavelot*, pp. 17, 20, an 1131, 1140.

(2) Les avoués supérieurs à Saint-Trond Cfr. ci-dessus. p 10.

(3) *Gesta abb. trudon. Gesta Rodulfi*, l. XII, n° 7 ; ERNST, *Hist. du Limbourg*, t. III, p. 24 ; MANTELIUS, *Histor. loss.*, p. 80-82 ; DARIS, *Histoire de Looz*, t. I, pp. 406, 427.

(4) Charte d'Albéron III de 1065 : « ipsi duci (advocato), sive advocato ab *eo* constituto ». Cfr. *Gest. abb. trud., contin.* 3¹ pars 2, l. 1, n° 22 ; MANTELIUS, *Ibidem*, p. 56¹.

(5) Les *Gest. abb. trud.* montrent à chaque page ce vasselage et signale une fois le relief : an. 1363. « Enghelbertus episcopus relevavit tanquam comes lossensis a duce Brabantie Wincelao feudum de advocatia Sancti Trudonis et feuda de castro Durachii et de Kaelmont », *continuat.* 3ª, pars IV, *Gesta Roberti* n° 12. De même : « Messire Jehans de Arkele evesques de Liége relevat de madame la ducesse Jehanne de Luccembourg et de Brabant... premièrement le vouerie de Saint-Trond a toutes ses appendices. Cfr. DE BORMAN, *Histoire du château de Colmont*, dans le *Bull. de l'Institut arch. liégeois*, t. V (1862), pp. 116, 117.

(6) Diplômes pour Gembloux et pour Stavelot, voir ci-dessus, p. 4.

déjà, l'institution se localise. Les petits seigneurs·et les ·chevaliers sont avoués de terres particulières, soit pour des biens qu'ils ont donnés, soit qu'ils aient reçu cette charge en fief des avoués eux-mêmes ; dans tous les cas, ils sont vassaux de ces derniers, car ceux que nous avons rencontrés à Pommern, Borloo, Oreye, Stayen, Helchteren, Villers le Peuplier et ailleurs, relèvent des comtes de Looz (1).

L'avouerie héréditaire et transformée par la féodalité nous transporte loin du temps où le défenseur était librement choisi par les intéressés et investi par le souverain. Cependant, le relief fait à son entrée en charge par chaque titulaire lui rappelle que son bénéfice est précaire. Si l'hérédité peut lui donner l'illusion de l'indépendance, la féodalité le ramène à la réalité de ses devoirs et de ses droits, qui n'ont amais subi de changements sensibles.

(1) Charte de Henri III de Limbourg, an. 1176, voir *Pièces justificatives IV* ; *Le livre de l'abbé Guillaume*, passim. Les ducs de Brabant et les comtes de Looz étaient avoués des terres du monastère enclavées ·dans leurs domaines. WOLTERS, *Codex diplomaticus lossensis*, pp. 73, 170.

CHAPITRE III.

Les fonctions de l'Avoué.

—

L'immunité avait fait des domaines privilégiés un monde à part, soustrait aux pouvoirs publics, et où le propriétaire avait l'exercice complet de la seigneurie ou du comitat. En effet, au droit domanial qu'il possédait, venaient s'ajouter les fonctions comtales. Les premières chartes d'affranchissement ne mentionnent comme privilège que la justice et les impôts ; ce sont les diplômes des rois mérovingiens et des maires du palais. Charlemagne précisa davantage, et après lui, ses successeurs, dont l'autorité arrachée par lambeaux allait renforcer la puissance croissante de l'aristocratie, déterminèrent minutieusement les droits qu'ils abandonnaient aux églises.

Citons, à titre d'exemple, le diplôme de Henri l'Oiseleur en faveur de l'abbaye de Brogne (1) : « Aussi longtemps

---

(1) an. 932. « Statuimus ut quamdiu locus ille Deo protegente inhabitabitur, abbas ejusdem coenobii omnia jura judiciariasque potestates in.. (dépendances) libere et potestative exerceat. Et in his locis et in omnibus quae possidet concedimus et confirmamus ei bannum et justitiam, impetum et burinam, ictum et sanguinem, rupturam, pergum regium, fora, telonea, vicecomitatum, wagaria, rectum et non rectum, vectigalia et quidquid pertinet ad judicatum, integritatem reipublicae et incolumitatem, et campestria et silvestria jura et mortimanus suas et abmatrimonia tam libere in sempiternum possideat sicut fundator ipsius loci..... possederat ». *Societé arch. de Namur*, t. V, p. 423. Cfr. les droits de l'abbé de Saint-Hubert, dans *Chron. Sancti Huberti*, no 9 : *MGH.*, *SS.*, t. VIII.

„ que ce lieu sera habité, nous ordonnons que l'abbé du
„ monastère y exerce librement tous les droits seigneuriaux
„ et les pouvoirs judiciaires. Dans cet endroit et ses dépen-
„ dances, nous lui confirmons la cession du ban et de la
„ juridiction, le maintien de l'ordre, la répression des émeutes
„ et des délits, la perception des péages sur les chemins et
„ les foires, des tonlieux, des impôts, enfin tout ce qui
„ regarde la justice, l'intégrité et le salut du domaine, et
„ aussi les droits sur les campagnes, forêts, mainmortes,
„ formariages. Qu'il ait à perpétuité l'exercice de tous les
„ droits que possédait librement dans le passé le fondateur
„ de ce monastère ». Le propriétaire ecclésiastique a donc
le *dominium* complet, car il est à la fois juge, policier,
collecteur d'impôts et administrateur. Mais sa qualité de
clerc ne peut s'accommoder d'attributs aussi matériels, et
son *villicus* ou intendant, parce qu'il est ministériel, n'est
admis qu'à diriger l'exploitation et à toucher les redevances.
Le maintien de l'ordre et la protection, la justice et la police
sont donc confiés à l'avoué, et nous nous efforcerons de
déterminer exactement son rôle dans ces diverses sphères
d'activité. Si, à l'origine, il semble s'être borné à maintenir
l'ordre et à siéger au milieu des échevins au tribunal, il fut
dans la suite chargé de protéger et de défendre l'abbaye
au nom du roi, de conduire l'*ost* à l'armée du souverain, de
rendre la justice au nom du chef ecclésiastique et de lui
servir d'intermédiaire avec le monde extérieur (1).

Serment. — Lors de son entrée en fonctions, l'avoué
s'engageait par serment à veiller au maintien des droits et
des possessions de l'église : « *ut jura et bona ecclesiae*
„ *conservaret* (2). » De ce que l'abbé de Saint-Trond, quand

---

(1) POULLET, *op. cit.*, t. I, nᵒˢ 241 et 328. « Damit verband sich die Pflicht,
das Stift zu schutzen, seinem geistlichen Vorsteher allen den Beistand
zu leisten dessen derselbe bedurfen mochte ». WAITZ, *Deutsche Verfassungsgeschichte*, t. VII, pp. 320, 350.

(2) DUCANGE, *Glossarium etc.* V. *advocati*; BRUNNER, *op. cit.* t. II,
p. 311; WAITZ, *op. cit.*, t. VII, p. 349. an. 1112. « Hunc advocatum sibi
fratres assumant, si tamen decretum a me constitutum et hic subscriptum observaturum se esse *promiserit*, si bona ecclesiae viriliter tueri

on l'installait solennellement dans son abbaye, faisait un
pacte de fidélité avec l'avoué, ne peut-on pas conclure que
celui-ci était astreint à pareille formalité quand il revêtait
l'avouerie (1)? Le serment de fidélité était inhérent à toute
concession de charge par les rois, et à l'époque féodale, le
relief était toujours accompagné de l'hommage. La chose
n'est d'ailleurs pas sans exemple. A Saint-Hubert, l'avoué
promettait, sous la foi du serment « de défendre le domaine
» contre toute agression extérieure, de ne pas l'attaquer
» lui-même, de ne prendre ses émoluments que suivant
» l'usage et d'après la décision des échevins, de n'exiger le
» service militaire des vassaux de l'église que pour la défense
» de l'évêché de Liège et de la terre de Saint-Hubert, de
» protéger les pèlerins et les marchands, de veiller à la
» sûreté des chemins, de maintenir aux habitants de la
» vouerie le droit d'être jugés suivant la loi du pays et par
» leurs juges naturels, et enfin d'exécuter par la force les
» mandats et jugements (2) ». Lorsque les seigneurs de la

et familiam ejus clementer et humane tractare voluerit ». *Analectes
pour servir* etc. *Cartul. d'Afflighem*, f, I.

(1) Van desen daghe voert ende desen dagh algader, sal ich houd ende
ghetruwe siin sinte Marien, sinte Lambrecht, den bysschop van Ludike,
..... den greven van Loen als vocht... » C'est le serment que fait tout abbé
à son entrée en charge. *Gesta abb. trud. contin.* 3ª, pars 2ª, *Gesta
Roberti*, nº 2.

(2) ROBAULX DE SOUMOY, *Chronique de l'abbaye de Saint-Hubert*,
Bruxelles, 1848, p. 202, d'après LOUVREX, *Recueil des Edits*, t. IV, p. 225,
et d'après *Coutumes et usages de la terre de Saint-Hubert*, ch. IX, art. 15,
17 et suiv. Cfr. le serment prêté en 1467 par Charles de Bourgogne et de
Luxembourg, seigneur de Mirwart, lorsqu'il releva l'avouerie de Saint-
Hubert de Colard de Vervos, abbé de ce monastère, et lui en fit hommage :
« Serment d'un voué de mener à jour et à droit l'abbé de cette église, et
les manants de la terre et des six féautés contre les dix sept marches
voisines, toutes les fois qu'il en sera requis ; de n'attenter sur ladite
église et sur les bourgeois par guerre, mais de prendre cens et rentes
tels que les Juges le décideront; de mener les bourgeois aux lieux
accoutumés pour défendre la terre de l'église, savoir Saint-Lambert et
Saint-Hubert ; de veiller à la conservation des pelerins, et pelerines,
visitant le corps de Saint-Hubert et venant apporter leurs marchandises,
et de tenir les chemins sûrs ; de garder l'abbé, son église, les bourgeois
et habitants des dites mairies envers et contre tous, et de ne pas souffrir
qu'ils ne soient menés par loi et par juges où ils habitent ». *Institut
arch. liégeois*, t. VII, p. 516.

Rochette, avoués de Fléron (1), entraient en fonctions, ils devaient faire relief de l'avouerie dans l'église collégiale, et prêter serment au chapitre de veiller à la conservation de tous ses droits et privilèges, ainsi que de ceux de ses sujets. Ils renouvelaient ce serment à Fléron, en présence du maïeur et des échevins, et des habitants. Ensuite, la cour les conduisait en cérémonie à l'église, où avait lieu la remise de la cloche, symbole de la prise de possession de l'avouerie.

Protection. — Les domaines immunisés étaient placés sous la protection de la majesté royale. La cour ambulante des Mérovingiens et les *missi* des Carolingiens pouvaient assurer une paix durable aux églises relativement peu nombreuses. Mais quand celles-ci se multiplièrent et devinrent propriétaires de domaines considérables et sans unité, les derniers descendants de Charlemagne étaient à peine capables de défendre, contre les invasions normandes, leur trône submergé par le flux croissant d'une aristocratie toute puissante ; et leurs successeurs avaient assez du souci de consolider leur royauté naissante, sans devoir accorder encore à d'autres la tutelle d'un sceptre tremblant dans leurs mains. Aussi les souverains chargèrent-ils leurs grands vassaux de les suppléer dans leur mission protectrice (2), et cette

---

(1) Fléron, dans la province de Liége, au nord de la Vesdre, était une dépendance de l'église collégiale de Notre-Dame d'Aix-la-Chapelle.
DE HARENNE, *Le Château de la Rochette et ses seigneurs, avoués héréditaires de Fléron*, dans *Institut. arch. liégeois*, t. XXII (1891), p. 27 et suiv. ; BONVALOT, *op. cit.* pp. 136, 243.

(2) Otton I donne l'avouerie de Gembloux à Lambert de Louvain, « qui *vice nostra* contra omnium inquietationem adjutor eorum esset et defensor ». Les empereurs Henri l'Oiseleur (932), et Otton III (992) se font remplacer à Brogne par les comtes de Namur : « ut (comes namurcensis) *particeps nobis existat*,... si tempus aut res expostulaverit recta manu et vero auxilio subministret ecclesiae opem sui adjutorii » — « Comiti etiam Namurci Adalberto successoribusque illius praecipimus ut *loco nostro* tueantur jura hujus ecclesiae » — Do même, en 1154, Henri l'Aveugle ne prend que le titre de défenseur de cette abbaye : « Igitur advocatiam sive nomen advocati non habeo in ecclesia, sicut nec antecessores mei habuerunt, sed ipsius defensor existo pro suis orationibus et reverentii mandato divorum imperatorum ». *Société archéol. de Namur*, t. V, pp. 423, 426, 434.

distinction donna à l'un des avoués ou à un autre seigneur une suprématie qui deviendra l'avouerie supérieure.

Dans les monastères indépendants, c'est le seigneur temporel, comme les évêques de Metz à Saint-Trond, qui défendait les propriétés contre les usurpateurs, et qui dans la suite se fit remplacer par de grands feudataires, les ducs de Lotharingie et de Limbourg (1).

Les formules du serment citées à la page précédente prouvent que cette mission incombait aux avoués, qui s'en acquittèrent parfois avec zèle (2).

Gislebert de Duras, mécontent d'avoir été privé de son avouerie à cause de ses déprédations, s'allia au comte de Brabant pour menacer Saint-Trond. Il fut battu par le duc Waleran II, de Limbourg, haut avoué, qui mit le siège devant Duras (3). Déjà en 1093, Henri I de Limbourg, avoué de Saint-Trond, avait pris la défense du monastère contre le comte de Looz (4).

Pour soutenir l'avoué dans la défense du monastère, les bourgeois et les vassaux de l'abbé devaient lui prêter main-forte (5). A Saint-Trond, outre les milices communales, l'abbé avait à sa disposition les habitants libres de ses territoires, comme à Helchteren (6), mais il ne les armait que pour sa propre défense (7). Il y eut cependant des abus, car les Saint Tronnaires suivirent les comtes de Duras, avoués, pour débloquer le château de Huy où Alexandre s'était

---

(1) Cfr. ci-dessus. p. 10. et pièces justificatives, I.

(2) Fréderic de Lotharingie défend Malmedy, *Triumphus Sancti Remacli*, dans *MGH. SS.* XI, p. 440 ; ERNST, *Hist. du Limbourg*, t. II, pp. 93-99.

(3) *Gesta abb. trudon. Gesta Rodulfi*, l. 12, n° 8, an. 1129

(4) DARIS, *Hist. de Looz*, t. I, p. 399.

(5) Cfr. ci-dessus, p. 24.

(6) an. 1261. « Quod homines ville predicte nullum tenentur sequi ad exercitum vel alibi, nisi abbatem Sancti Trudonis ». Cfr. Pièces justificatives, VI.

(7) Rodolphe dit que l'avoué n'avait aucun droit sur les hommes de l'abbaye pour ses propres expéditions, qu'il oppose à la défense du monastère : « pro propria werra quam habebat et nulla ecclesiae nostrae causa » *Gest. abb. trud.* après *contin.* 1ᵃ, Lettre à Etienne évêque de Metz.

réfugié pour échapper à Frédéric, son compétiteur à l'évêché de Liége, vers 1120, et dans leurs guerres contre les comtes de Looz au sujet de Brusthem, entre 1160 et 1180 (1). Avant de commencer ces dernières hostilités, Gilles de Duras avait invité par lettres les hommes de l'avouerie à prendre les armes, et ceux-ci se rangèrent résolument dans le parti de leur avoué. Le différend qui avait allumé cette guerre fut tranché par l'empereur à Aix la Chapelle ; celui-ci réserva à l'avoué le droit de fortifier les alleus de l'abbaye.

Plus tard, alors que les comtes de Looz étaient avoués depuis l'extinction de la maison de Duras, l'un d'eux fut investi de la garde de toutes les forteresses. C'était pendant la vacance du siège épiscopal de Liége (1239-1240), lorsque la guerre civile semait la dévastation dans toute la principauté et surtout dans les terres des églises (2). L'abbé Thomas trouva un protecteur en Arnould IV, comte de Looz, comme le prouve l'acte suivant : « Les possesseurs de maisons à » ponts-levis et de forts situés dans les alleus de l'abbaye, » soit dans les domaines du comte de Looz, les tiendront » en fief de celui-ci et en arrière fief de l'abbaye. Ces forts » seront toujours ouverts aux hommes du monastère et » serviront à leur défense contre tous, même contre les » comtes de Looz. Ces mêmes forts seront ouverts aux » comtes de Looz et serviront à leur défense contre tous, » excepté contre l'abbaye ; enfin, si les possesseurs de ces » forts voulaient se soustraire à leurs devoirs de vassaux, » les comtes de Looz, en qualité d'avoués de l'abbaye, les » y ramèneront (3). » L'avoué revêt aussi de son consente-

(1) *Gesta abb. trud. Gesta Rodulfi*, l. 11, nos 8, 9, 10 ; *continuatio* 2a, l. 4, nos 16-20 ; 27-32 ; DARIS, *Hist. de Looz*, t. I, p. 425. Henri III, duc de Brabant, força les habitants de Villers le Peuplier à suivre son armée devant Saint-Trond, an. 1245. *Le Livre de l'abbé Guillaume*, p. 219.

(2) Cfr. J. P. KIRSCH, *Das Lüttlicher Schisma vom Inter. 1258* dans la *Römische quartalschrift*, t. III.

(3) SCHOONBROODT, *Inventaire des chartes de Saint-Lambert*, no 196 ; WOLTERS, *Codex dipl. loss.* p. 114 ; MANTELIUS, *Hist. loss* , p. 188 ; DARIS, *Hist. de Looz*, t. I. p. 471. Renouvelé en 1245, *Cartulaire de Saint-Trond*, t. I, p. 216.

ment les traités de paix conclus entre ses protégés et des seigneurs, s'il faut en juger par l'abrogation de l'alliance intervenue entre la ville de Saint-Trond et l'évêque de Liége, en 1142, devant les protestations violentes de l'avoué Otton de Duras (1).

Le maintien de l'ordre à l'intérieur, tant pour faire rentrer des vassaux rebelles dans leurs devoirs que pour réprimer les émeutes des habitants de la ville de Saint-Trond qui voulaient s'ériger en commune, incombait encore à l'avoué, et c'est le comte de Looz qui, au commencement du XIVᵉ siècle, protège l'abbé et châtie les coupables (2).

A cette époque, cependant, l'avouerie touche à sa fin et va être réunie à la principauté de Liége. D'autre part, les avoués supérieurs ne sont plus en relations intimes avec l'abbaye. La vie politique des domaines ecclésiastiques n'est plus troublée par les petits seigneurs ambitieux et besoigneux ; les ducs de Brabant se contentent de témoigner leur sollicitude aux religieux en les assurant de leur protection ; mais celle-ci n'est plus qu'un écho lointain du choc des armées et des débats devant la cour impériale, par lesquels les hauts voués faisaient prévaloir les droits de leur pupille (3).

---

(1) Otto comes Durachiensis.... injuriam sibi factam affirmans, quod sine eó, utpote qui advocatus eorum esset, ullam pacis et concordie conventionem cum episcopo aut cum aliquo hominum confirmare presumpsissent ». *Gesta abb. trud. contin.* 2ª, l. 1. *Gesta Folcardi*, nᵒˢ 7, 8.

(2) *Gesta abb. trud. contin.* 3ª, pars IV, l. 2, *Gesta Ade*, nᵒˢ 3, 5, an. 1303 et 1304; DARIS, *Hist. de Looz*, t. I, p. 503, an. 1203.

(3) Les ducs de Brabant dont les noms suivent, ont, comme avoués supérieurs, délivré des chartes de protection au monastère de Saint-Trond : 1266, Adélaïde, duchesse de Lothier et de Brabant ; 1289, Jean I, duc de Brabant ; 1298, Jean II, duc de Lothier, de Brabant et de Limbourg ; 1316, Jean III, duc etc. ; 1326, Jean III, duc, etc. ; 1356, Wenceslas et Jeanne, duc et duchesse de Brabant etc. ; 1375, Wenceslas et Jeanne etc.; 1377, Wenceslas et Jeanne etc.; 1427, Jean IV, duc de Brabant etc.; 1428, Philippe de Saint-Pol, duc de Brabant, etc. *Cartulaire de Saint-Trond*, t. I, pp. 333, 384, 405, 445, 462, 463, 536 ; t. II, pp. 73, 79, 253, 254. — Il faut y ajouter : 1377, Charles IV, roi des Romains ; 1398, Wenceslas, roi des Romains et de Bohême ; *Cartulaire de Saint-Trond*, t. II, pp. 79, 80, 140 ; et *Gest. abb. trud. continuatio ultima*, *Gesta Zachei et Gesta Wilhelmi III.*

L'avoué n'était pas seulement le défenseur armé des biens ecclésiastiques, il était encore le soutien de l'abbé dans beaucoup d'affaires où les intérêts du monastère étaient en jeu, et principalement dans les donations. Rien de plus naturel alors qu'il eût à cœur le maintien des transactions, comme une mission où son honneur était engagé par suite de son ingérence dans l'administration. Dans certains cas, il jouait le rôle de seigneur temporel, car, encore aux xe et xie siècles, les donations se faisaient *per manum advocati* ; celui-ci recevait et conférait les terres en se conformant au symbolisme féodal (1). En 1023, l'avoué Gislebert de Duras présida à un acte de ce genre (2), et en 1108, Bouchard, évêque d'Utrecht, restitua, par l'abandon du fétu, l'église d'Aalburg avec toutes ses dépendances à l'abbaye de Saint-Trond (3). Ailleurs, ces fonctions de l'avoué nous sont rapportées avec plus de détails. Vers 1083, Richilde, comtesse de Hainaut, vendit à l'abbé de Saint Hubert son alleu de Chevigny, dont elle fit l'abandon symbolique entre les mains de l'évêque de Liége, Henri de Verdun,

(1) MARTÈNE et DURAND, *Ampliss. collect.* t, II, pp. 73, 74, 76 ; — Confirmation, par l'empereur Lothaire II, d'une donation faite à l'abbaye de Saint-Jacques à Liége, en 1136 : « ... tradidit eidem ecclesiae, per manum Arnulphi, comitis de Los advocati ejusdem monasterii S[u] Jacobi, jam dictam omnino possessionem » : ERNST, *Hist. du Limbourg*, t. VI, p. 131 ; *Institut archéol. liégeois*, t. X, 409-413. — Confirmation des privilèges de l'abbaye de Vlierbeek par Henri II, évêque de Liége, en 1156 : « Ut quidquid de allodio suo acquirere possent, sive de feodo, sive de censuali terra hominum suorum, per manum suam qui ligius sepedicte ecclesie advocatus erat, acciperent sub testimonio fidelium suorum ». *Analectes pour servir etc.* t. I (1864), p. 357.

N. B. Dans les donations qui se faisaient *per manum advocati*, le symbole était déposé sur l'autel, car c'est au Saint lui même que s'adressait la munificence. Ne pourrait-on voir dans cette coutume l'origine du vocable *advocatus altaris* qu'on rencontre parfois, et sous lequel on a cru reconnaître une catégorie d'avoués, bien que ce fût l'avoué lui-même ? Cfr. *Institut archéol. liégeois*, t. X, p. 413.

(2) Hanc mutuam traditionem ipse advocatus noster Gislebertus perfecit ». *Cartulaire de Saint-Trond*, t. I, p. 15.

(3) Ego Burchardus, trajectensium episcopus, ecclesiam de Alburc... liberam restitui, exfectucavi, et ipsum Willelmum, advocatum meum, bannum quem de ea se accepisse dicebat, exfectucare feci ». *Cartulaire de Saint-Trond*, t. I, p. 34 ; *Gesta abb. trudon. Gesta Rodulfi*, l. IX. n° 3.

de l'abbé, et de Godefroid de Bouillon, avoué (1). Après le
payement de la somme convenue, l'abbé reçut l'investiture
de la main du duc. Quand Alard de Brecht vendit des biens
à l'abbaye de Villers, il remit, en présence des échevins, la
terre entre les mains de l'avoué, celui-ci la transmit à un
moine nommé Lambert, qui en reçut l'investiture (2).

Les chartes qui nous présentent l'avoué remplissant l'office
du maître sont l'exception. Le plus souvent, il se contente
de signer avec les témoins, et de garantir, par l'apposition
de son sceau, les actes passés. Il est bon de faire remarquer
que son nom occupe d'ordinaire le premier rang après
celui de l'abbé, et que sa qualité d'avoué est toujours
mentionnée. De 1059 à 1124, les avoués de Saint-Trond
Otton et Gislebert de Duras approuvent bon nombre de
chartes de servitude (3). En 956 et 959, les avoués Ruotbert
et Werner sont témoins à des donations de biens (4). Lorsque
l'abbé Thierry vendit, en 1107, un alleu situé entre Malines
et Anvers, il le fit du consentement de l'évêque de Metz et
des avoués Henri I de Limbourg et Gislebert de Duras (5) ;
en 1136, le même Gislebert avec Waleran, duc de Limbourg, approuvèrent la donation de la terre d'Averbode à
l'ordre des Prémontrés, faite par l'évêque de Metz Etienne (6).

---

(1) *Chron. S. Huberti*, n° 64, *MGH. SS.* t. VIII. Citons un cas semblable
pour Stavelot : Lorsque cette abbaye céda, en 1166, l'alleu de Roclenge au
couvent d'Averbode, ceux qui tenaient cet alleu en fief, le remirent à
Henri, comte de Namur et avoué de Stavelot ; celui-ci le passa à l'abbé,
qui le donna à l'église d'Averbode. *Institut archéol. liégeois*, t. VII
(1863), p. 107.

(2) Confirmation de la vente de biens qu'avait faite Alard de Brecht à
l'abbaye de Villers ; an. 1257 : Terram vero censualem dictus Alardus in
manus advocati nostri... reportavit et per judicium scabinorum werpivit
et effestucavit..... Dictus quoque advocatus terram ipsam..... per manus
fratris Lamberti conversi dicti monasterii, tradidit eidem monasterio.....
De utraque etiam terra predicta frater Lambertus antedictus donum
recepit et investituram nomine sui monasterii nunquam amplius in
posterum iterandam ». ERNST, *Hist. du Limbourg*, t. VI, p. 19.

(3) *Cartulaire de Saint-Trond*, t. I, pp. 13, 17, 19, 20, 24, 27, 33, 37, 40, 46.

(4) « Placuit domino episcopo Adelberoni et abbati necnon et Ruotberto
advocato » — *Ibid.* t., pp. 10, 11.

(5) *Gesta abb. trudon. Gesta Rodulfi*. l. VI, n° 25.

(6) *CRH.* 3ᵉ série, t. II (1861), p. 284 ; ERNST, *Hist. du Limbourg*, t. III,
p. 51.

Au commencement du XIIIᵉ siècle, Louis, comte de Looz et avoué de Saint-Trond, confirme un échange de terres par l'apposition de son sceau (I), et en 1243, l'acte par lequel l'abbé Thomas cédait des biens à ses tenanciers de Haelen et de Donck, bien qu'approuvé déjà par Henri de Veldeke, avoué de ces villages, et par Chrétien, avoué de Saint-Trond, fut en quelque sorte légalisé par Henri II, duc de Brabant et haut avoué (2). Enfin, en 1268, Jean, fils d'Arnould IV, comte de Looz, ratifie des conventions et, comme avoué, promet de les faire respecter (3). A partir de la fin du XIIᵉ siècle, cette intervention de l'avoué se fit de plus en plus rare ; il s'effaça pour faire place aux officiers de l'abbé et aux échevins (4).

Ce n'est pas seulement dans des circonstances déterminées que se manifestait la protection des avoués. Celle-ci devait être comme un caducée maintenant la paix sur toute la communauté. Aussi voyons-nous l'avoué chargé de débarrasser le monastère de Lupon et de Stepelin, hommes néfastes qui avaient fait fondre toutes sortes de maux sur les religieux (5), et d'expulser, quelques années plus tard, un curé excommunié refusant de quitter sa paroisse (6). En

(1) « In confirmatione hujus rei Ludovicus comes de Los, advocatus noster, sigillum suum apposuit » an. 1193-1222, *Cartulaire de Saint-Trond*, t. I, p. 157.

(2) « Et ut hoc robore perpetuo validum et inconvulsum permaneat, presentes litteras sigillo viri illustris Henrici, Dei gracia ducis Lotharingie et Brabantie, superioris ecclesie nostre advocati... fecimus roborari ». *Cartulaire de Saint-Trond*, t. I, p. 212.

(3) *Ibid.*, t. I, pp. 337, 338, 347. Approbation d'actes par les avoués : Cfr. *Ibid.*, t. I, passim, et surtout de 927 à 1154, pp. 6, 10, 11, 20, 25 26, 41, 43, 55, 62, 69, 73, 86 ; *Gesta abb. trud.*, *Gesta Rodulfi*, passim ; *Le Livre de l'abbé Guillaume*, pp. 170, 172, 179, 183, 341, 349 ; ERNST, *Hist. du Limbourg*, t. II, pp. 82, 84 ; t. VI, pp. 12, 137, 139.

(4) L'avoué cesse d'être témoin aux chartes de servitude, *Cartulaire de Saint-Trond*, t. I, pp. 82, 83, 88, 89, 91, 96, 113. Les échevins apparaissent pour la première fois dans les actes de Saint-Trond en 1108, *Ibid.*, t. I, pp. 34, 36.

(5) *Gesta abb. trudon. Gesta Rodulfi*, l. IV, nᵒ 9. Cfr. A. CAUCHIE, *La Querelle des Investitures dans les diocèses de Liége et de Cambrai*, 2 vol. Louvain, 1890-1891, t. I, p. 61.

(6) *Gesta abb. trudon.* Lettre de l'abbé Rodolphe à Etienne, évêque de Metz, après la *contin.* 1ᵃ.

général, l'avoué est tenu de défendre les droits du couvent,
et c'est auprès de lui que les hommes qui en dépendent
cherchent protection (1). Enfin, c'est lui qui, par sa vigilance,
doit empêcher le brigandage, afin que les marchands et les
pèlerins puissent circuler librement sur le territoire confié
à sa garde (2).

Justice. — Tous les documents qui règlent les devoirs
et les droits des avoués, leur réservent *tria generalia placita*,
c'est-à-dire la mission d'assembler trois fois l'an les habitants
des terres affranchies, et le *magnum bannum* ou la haute
justice.

Il nous faut ouvrir ici une parenthèse et parler des plaids,
qui furent pendant longtemps les seules manifestations de
la vie publique dans les domaines ruraux. Ces assemblées
étaient régulières et dérivaient du *mallum* du comte, ou
bien elles étaient occasionnelles et à la volonté du seigneur.
Nous les appellerons plaids ordinaires et plaids extraordinaires, ou plaids généraux et plaids particuliers (3).

Le plaid ordinaire, appelé parfois plaid d'avouerie à cause
du rôle qu'y joue l'avoué, était la réunion des habitants,
libres ou tenanciers, d'une circonscription déterminée. Primitivement la centaine ou le domaine d'un grand, celle-ci
devint, dans la suite, la cour échevinale ou ensemble de
villages soumis à la juridiction d'un corps constitué d'échevins (4). C'est au siège de cette cour, et parfois dans un local
affecté à cet usage, que la cloche banale invitait le peuple à
se réunir, trois fois l'an (5), autour de l'avoué et du repré-

---

(1) *Gesta abb. Trudon., contin.* 3ᵃ, pars IV, *Gesta Willelmi*, n° 12 ;
HANSAY, *Origines de l'Etat liégois* dans *RIP*, t. XLIII, p. 10, note 1.

(2) Cfr ci-dessus, *Serment; Gesta abb. trudon. Gesta Rodulfi*, l. 1, n° 10.

(3) POULLET, *op. cit.*, t. I, n°ˢ 223-228, 241.

(4) *Cartulaire de Saint-Trond*, t. I, p. 212; t. II, p. 66.

(5) Construction d'un local à Oreye, en 1257. *Le Livre de l'abbé
Guillaume*, p. 49-50. — *Cartulaire de Saint-Trond*, t. I, p. 302, t. II,
p. 66 ; DUCANGE, *Glossarium etc. V. advocati ;* — Mémoires concernant
certains droits de l'avoué de Mehaigne. dans *Société arch. de Namur*,
t. II (1851), pp. 201-208. Les plaids se tenaient d'ordinaire au printemps,
en été et en automne. Le signal était donné par la cloche : MANTELIUS,
op. cit., p. 81 ; PIOT, *Ibid.*, t. I, p. 302.

sentant du propriétaire appelé, selon les lieux, maïeur, villicus ou écoutête, qui siégeaient au milieu des échevins. L'avoué rappelait aux hommes présents la coutume, leurs leurs devoirs envers le seigneur (1), et s'offrait à entendre leurs réclamations et leurs plaintes. Ces assises locales, dont l'objet initial était l'exercice de la justice, constituaient le tribunal public où les procès criminels étaient jugés, et où l'on apaisait les différends en matière civile (2); elles étaient aussi l'occasion de transactions de biens. Pour assurer l'exécution des décrets et des sentences, l'avoué était accompagné de plusieurs hommes d'armes, qui étaient hébergés aux frais de l'abbaye (3).

Le plaid extraordinaire fait partie intégrante de l'administration du domaine. Le propriétaire ou son intendant réunit les habitants quand il veut; cela a surtout lieu lorsqu'il visite ses possessions, ou quand il s'agit de régler des questions touchant les donations, achats et ventes de terres et de maisons, les formariages, les serfs. L'avoué n'a pas le droit d'y assister; toutefois, il est obligé de s'y rendre si le chef ecclésiastique ou son *villicus* l'invite pour les soutenir (4).

Le plaid, ordinaire ou extraordinaire, est donc le tribunal

(1) A Olne (aujourd'hui province de Liége), dépendance du chapitre d'Aix-la-Chapelle, l'avoué tenait les plaids généraux ou ordinaires. Il faisait assembler le peuple par le forestier; puis, après avoir rappelé à chacun, maïeur, échevins, bourgeois, leurs devoirs, il demandait si quelqu'un avait à se plaindre du maïeur, du forestier, des échevins, du voué, ou de quelqu'habitant. Il déclarait qu'il était là pour redresser les griefs et pour punir ceux qui se seraient conduits contrairement aux lois du pays. STOUREN, *Histoire de l'ancien ban d'Olne*, dans *Société d'art et d'histoire du diocèse de Liége*, t. VII (1892), p. 143.

(2) *Cartulaire de Saint-Trond*, t. I, pp. 38, 82, 212, t. II, p. 66.

(3) *Ibid.*, t. I, p. 111; t. II, p. 66; *Cartul. d'Afflighem*, fasc. 1, dans *Analectes pour servir*, etc.; BLONDEL, *de Advocatis*, pp. 83, 87, 90.

(4) « Ceterum testati sunt abbatis vel villici mei esse arbitrii ut legitime et libere quidquid libuerit sine advocato possent placitare, scilicet de terris, de domibus, de alienis uxoribus ducendis, de familiis, nisi grandi forte exigente negocio ab abbate vel ministro meo ad rem discutiendam invitatus fuerit ». Charte d'Albéron III, de 1065, voir *pièces justificatives*, n° I. Dispositions semblables pour Stavelot : *Recueil des ordonnances*, pp. 17, 20, 25.

rural, surtout dans les domaines ecclésiastiques; il nous reste à le montrer en action et à déterminer le rôle de l'avoué dans l'exercice de la justice. On a dit souvent que l'avoué devait conduire les hommes libres du monastère au tribunal du comte (1). Cela ne peut s'entendre que des tenanciers en procès avec des étrangers, ainsi que des malfaiteurs justiciables du comte et réfugiés dans le domaine affranchi, autrement le privilège d'immunité, qui excluait les officiers royaux, n'eut été qu'un leurre (2).

Dans les cas ressortissant à la justice criminelle, c'est-à-dire les meurtres, rixes, brigandages et vols de grand chemin, l'avoué devait arrêter d'office les coupables pour les traduire devant le tribunal des échevins (3) et assister à leur jugement. Il avait à sa disposition les cachots de l'avouerie, où il enfermait les coupables, et lui seul avait le pouvoir de rendre la liberté aux prisonniers (4).

(1) BLONDEL, *Ibid.*, p. 41.

(2) FLACH, *Les Origines de l'Ancienne France*, t. I, p. 113-115 et notes; SCHRÖDER, *op. cit*, p. 197; WAITZ, *op. cit.*, t. VII, p. 360-361.

(3) A Saint-Trond : an. 1065, « Si quis forte infra villam occisus vel vulneratus fuerit ». Charte d'Albéron III. — A Prüm : an. 800, « advocato nullo modo conceditur quemquam in sua advocatia verberare aut tundere nisi in homicidio aut in furto, aut in latrocinio, aut pugna culpabilis extitit ». BEYER, *Mittelrheinisch Urkundenbuch*, t. I, p. 43; CRH, 1e sér. t. V (1842), p. 299. — A Olne : « Si vero aliquis pro culpa ab advocato deprehensus fuerit..., » *Société d'art et d'histoire du diocèse de Liége*, t. VII, p. 128. — A Brogne, charte de Godefroid, comte de Namur : an. 1131, « a comite pariturus in abbatis curiam adducatur, et de banno et lege judicata per scabinos ». *Société arch. de Namur*, t. V, p. 433; — charte de Henri l'Aveugle, an. 1154, « at vero praedones et invasores et vim ferentes rebus ecclesiae et hominum allodii sui ad conquestionem suam debeo convenire... » *Ibidem*, p. 434.

(4) L'avoué de Fléron fait incarcérer les coupables dans les cachots de l'avouerie. DE HARENNE, *Le château de la Rochette*, etc., dans *Institut. arch. liegeois*, t. XXII, pp. 27 et suiv. — Protestations de l'abbé de Saint-Trond contre Henri III, duc de Brabant, qui détenait injustement l'avouerie de Villers le Peuplier, et qui avait favorisé l'évasion d'un voleur. *Le livre de l'abbé Guillaume*, p. 218-219. — En 1252, les baillis du duc de Brabant et ceux de l'élu de Liége Henri de Gueldre réclamaient, comme relevant de la juridiction de leurs seigneurs respectifs, un homme dépendant du monastère et détenu pour vol. L'abbé, n'osant mécontenter ni l'évêque ni le duc, et ne pouvant libérer un prisonnier sans l'avoué, maintint l'arrestation : « (abbas) non valens hominem liberare sine comite, qui est advocatus ville... » *Ibid*. p. 220.

Bien que l'avoué n'eût pas le droit de provoquer le jugement des criminels (1), il semble jouer un rôle prépondérant
aux plaids. « Il siégeait au milieu d'échevins, de juges, pour
connaître les matières du droit public, et pour punir les
crimes graves des tenanciers de l'église (2) ». « Il convoquait
les habitants de l'avouerie aux plaids, qu'il présidait en
tenant en main la verge de la justice (3) ». Cependant, ce
n'est pas lui qui prononce la sentence. C'est aux échevins
qu'il appartient de juger les accusés, qu'ils abandonnent
ensuite à l'avoué, chargé de l'exécution du jugement.

Nous en avons des exemples à Brogne (4), à Olne (5), à
Fléron (6), à Amay (7). D'un autre côté, la part qui lui
revient dans le wergeld et dans les amendes judiciaires,
implique suffisamment que ce devoir lui incombe, et quand,
à la suite du décret des juges, la maison d'un condamné
doit être démolie, c'est lui qui donne le signal en frappant
le premier coup de sa verge (8).

(1) An. 1079, « de luit autem et de burina tercium denarium habebit,
sed non ut habeat potestatem placitandi de ea re nisi ad hoc adducatur
voluntate aut proclamatione villici ». HANSAY, Origines de l'Etat
liégeois, dans RIP, t. XLIII, p. 10, note 1.

(2) POULLET, op. cit., t. I, n° 241.

(3) DE HARENNE, Le château de la Rochette etc., dans Institut archéol.
liégeois, t. XXII, p. 27 et suiv.

(4) Charte de Henri l'Aveugle, an. 1154, dans Société arch. de Namur,
t. V, p. 434.

(5) Tout homme accusé de crime et condamné, doit être livré par le
maire à l'avoué, qui conduira le coupable à Dolhain. STOUREN, Hist. de
l'ancien ban d'Olne dans Société d'art et d'histoire du diocèse de
Liége, t. VII, p. 296.

(6) Ibid., t. II, p. 227-228; Institut arch. liégeois, t. XXII, p. 27 et suiv.

(7) Quand une plainte a été déposée au plaid, et que réparation n'en a
pas été faite dans la quinzaine d'après la décision des échevins, le voué
doit intervenir et livrer le délinquant au maieur. Quand un meurtrier a
été jugé, il est abandonné à l'avoué qui en fera justice. An. 1384,.Record.
des droitures de l'avouerie d'Amay dans Société d'art et d'histoire, etc.,
t. VIII (1894), p. 286.

(8) « Item se le maires veult aller panner ne maisons briser, se on
trouve userie serree, il doit appeler le vowé, et ledit voweis doit ferir
le premier coup. » Ibidem. — En 1303, le comte de Looz, avoué de Saint-
Trond, fut requis par les habitants pour frapper une maison de sa verge,
et ce fut le signal du pillage. Gesta abb. trud. contin. 3ª, pars IV, l. 2.
Gesta Ade, n° 3.

Lorsqu'une affaire civile devait venir devant les plaids, les parties en cause étaient invitées à comparaître au jour déterminé; cette formalité ne paraît nécessaire que pour les faits extraordinaires (1).

Bien que l'avoué fût exclu de ces assemblées, sauf les cas de force majeure, nous le voyons souvent soutenir l'abbé, à la demande de celui-ci, dans les procès civils. Et certes la présence du défenseur de l'église servit plus d'une fois à faire triompher le bon droit des faibles. Ainsi, c'est en présence du duc Waleran II de Limbourg, haut avoué, que l'abbé Rodolphe se fit restituer par jugement la terre d'Aelst (2), et d'autres possessions détenues par un habitant de Saint-Trond.

Un exemple suffira pour montrer les difficultés que les religieux, dans des circonstances semblables, avaient à surmonter pour vaincre l'injustice et l'astuce de leurs spoliateurs. Laissons parler le chroniqueur : « Gauthier, châte- » lain de Becquevoort lez-Diest, avait accaparé des biens du » monastère situés près de ses propriétés. Nos tenanciers » disaient, cependant, que son père les avait obtenus en » bénéfice en présence de notre avoué légitime Otton, comte » de Duras, et que, devant ses tentatives d'expropriation, » notre haut avoué, Henri de Limbourg, s'était rendu en cet » endroit à la demande de mes prédécesseurs pour faire » connaître les droits de notre église. Pourtant, le cupide » spoliateur ne s'est pas désisté, et je l'ai trouvé en possession » de notre bien. Je me suis plaint à nos avoués, entre autres » au duc, mais aucun d'eux ne m'a écouté : l'argent leur » fermait les oreilles. Que faire? J'ai porté ma cause devant » l'empereur Henri V, qui m'a fait réinvestir des possessions » de notre église par le duc Godefroid de Louvain et par

(1) « Ut nullus ad placitum *banniatur*, nisi qui causam suam quaerere, aut si alter ei quaerere debet » *Capitul.* de 803, art. 20, BORETIUS, p. 116. MANTELIUS, *Hist. loss.* p. 81.

(2) « In presentia ducis Gualeramni, majoris advocati nostri,... judicio et justitia et veritate evicimus... ». *Gesta abb. trudon., Gesta Rodulfi*, l. IX, nos 11 et 12. *Cartulaire de Saint-Trond*, t. I, pp. 70, 212.

» notre avoué Gislebert. Et notre ennemi ambitieux de crier
» à la violence. Sur un second décret de l'empereur, le duc
» de Louvain décida que, en présence de la partie adverse,
» les hommes du monastère feraient la séparation de nos
» champs d'avec ceux de Gauthier.

» Au jour fixé, le duc se rendit à Becquevoort, en même
» temps que nous et Gauthier, ainsi qu'une grande foule
» d'hommes libres et d'habitants du pays. Les nôtres déli-
» mitaient les biens, lorsqu'ils furent arrêtés par l'eau
» stagnante d'un étang qui cachait la ligne de séparation.
» On disait déjà qu'on ne pourrait parfaire la besogne,
» quand l'un de nos manants, bien au courant de la limite,
» se jeta à l'eau et traça, tout en nageant, la démarcation.
» Il fut impossible de finir ce jour là, et l'on remit à une
» date postérieure l'audition des hommes libres du voisi-
» nage; mais ceux-ci, corrompus par des présents, dit-on,
» rendirent de faux témoignages. Je ne me tins cependant
» pas pour battu, et je le citai à la cour impériale d'Aix la
» Chapelle. Craignant pour la justice de sa cause, Gauthier
» me fit proposer un accommodement qui n'aboutit point.
» Nous en vînmes donc au tribunal de l'empereur. Nos
» avoués défendirent chacun leur cause, et le prononcé du
» jugement fut remis à la prochaine séance de la cour impé-
» riale. Mais, par suite des troubles qui agitèrent l'empire,
» le jugement ne fut pas rendu, et notre cause est encore
» pendante (1) ». Ceci avait lieu vers 1115, avant le départ
de Henri V pour l'Italie en 1116.

Une grande partie de l'abbatiat de Rodolphe se passa en
revendications de ce genre. Souvent, l'avoué appuya avec
succès ses réclamations, ce qui permit à l'abbé de récupérer
les biens du monastère situés à Aelst et à Nissen, près de
Saint-Trond ; à Provin, près de Lille ; à Baardwyck et à
Aalburg, en Hollande ; à Beredorf, près de Cologne et à
Broich lez-Aix la Chapelle ; à Meldert, près de Linkhout ;

(1) *Gesta abb. trudon. Gesta Rodulfi*, l. IX, n° 32.

enfin à Stayen et à Gothem (1). D'autres fois, c'est seul ou
avec l'aide de ses officiers que Rodolphe recouvra les possessions du couvent, à Jemeppe sur Meuse, à Stayen, à
Schwerhoven (2) ; et il lui arriva de soutenir des procès
contre les avoués eux-mêmes (3). Lorsqu'ils assistaient l'abbé,
ceux-ci donnaient leur avis (4), et veillaient à ce qu'on se
conformât à la sentence des échevins.

Ils faisaient aussi observer les règles de la procédure.
L'avoué ne peut introduire une cause que si l'accusateur est
présent (5) ; il défend aux échevins de rendre le jugement
jusqu'à ce que satisfaction soit donnée aux accusés, lorsque
le maire refuse de *mener les gens par loy*. (6) C'est pour
cela, sans doute, que les échevins de Saint-Trond lui attribuent l'exercice de la justice (7), et que le duc Jean de
Brabant, en 1326, ordonne au comte de Looz de faire
respecter les droits de l'abbaye en sa qualité d'avoué, faute
de quoi il s'en chargerait lui-même comme haut-avoué (8).

Soit par négligence ou mauvaise volonté, les avoués
laissèrent parfois les abbés s'épuiser en vaines luttes contre
ceux qui s'étaient appropriés injustement des droits ou des
biens du monastère. Dans des cas semblables, l'abbé
Rodolphe avait recours à une main plus puissante, et, portant ses réclamations à tous les degrés de la hiérarchie de

---

(1) *Gesta abb. Trudon. Gesta Rodulfi*, n°s 11, 12, 16, 17, 28, 31 ; l. XII,.
n° 15.

(2) *Ibid.*, l. IX, n°s 13, 14.

(3) *Ibid.*, l. IX, n°s 9, 11, 21, 27.

(4) an. 1252. « E contrario abbas pro se et ecclesia sua, respondit quod
dominus Christianus advocatus, vassalus ipsius abbatis, inter ipsos et
super isto negocio fuerat in sentencia requisitus et sentenciam in ore suo
habebat... ». *Le Livre de l'abbé Guillaume*, p. 195-196.

(5) « Si homo in aliquem hominem verbis aut factis deliquerit, advocatus eum inde non accusabit nisi presens sit aliquis qui eum accusa-
verit ». An. 1102, Dipl. de Henri IV pour Prum : BLONDEL, *De advocatis*,.
p. 94.

(6) A. 1384, Record des droitures de l'avouerie d'Amay dans *Société
d'art et d'histoire du diocèse de Liége*, t. VIII, p. 286.

(7) an. 1303 et 1317. *Gesta abb. trudon. Contin.* 3ª, pars IV, l. 2. *Gesta
Ade ;* DARIS, *Histoire de Looz*, t. I, pp. 513. 520.

(8) *Cartulaire de Saint-Trond*, t. I, p. 462.

ses protecteurs, il confiait sa cause à l'empereur, comme
dans ses différends avec Gauthier de Becquevoort. D'autres
fois, c'est près l'évêque, puis aux avoués que l'abbé porte ses
plaintes, pour aboutir enfin au tribunal impérial (1).

La compétence de l'avoué en matière judiciaire ne s'étend
pas à tous les habitants, ni à toutes les terres du domaine
ecclésiastique. Les moines et le clergé paroissial ne relèvent
que des tribunaux ecclésiastiques (2). Les serfs, soit qu'ils
fussent de condition servile, ou qu'ils eussent volontairement
renoncé à la liberté, se fondent dans un groupe anonyme,
la *familia*, qui est personnifiée au regard de la loi par le
propriétaire. Ils n'ont pas de droits, et ils sont sous la
dépendance étroite et absolue du maître et de ses intendants.
Aussi, dans les terres d'église, ne reconnaissent-ils d'autre
juge que l'abbé; et celui-ci doit être présent lorsque, par
exception, l'avoué les invite à comparaître au plaid. Plusieurs chartes de servitude mentionnent parmi les témoins
l'avoué, qui approuve ainsi les réserves quant à sa juridiction sur la *familia* (3). A côté de celle-ci, les serviteurs des
religieux sont indépendants de l'avoué (4), et une catégorie

---

(1) « Multa lite usque ad episcopum, de episcopo ad advocatum, de
advocato ad imperatorem Heynricum, non sine dampno suo et multo
labore ». *Gesta abb. trudon.*, *Gesta Rodulfi*. l. IX, nᵒˢ 6, 16, 27.

(2) VIOLLET, *Droit public*, t. I, p. 389 et suiv.

(3) POULLET, *op. cit.* t. I, nᵒ 184 ; HANSAY, *Étude sur la formation et
l'organisation* etc. p. 103 et ss. — « Si aliquis ex familia extra vel infra
occisus fuerit, advocatus weregeldum ejus abbati adquirat, nihilque ex
eo vindicare praesumat ». BEYER *Mittelrheinisch Urkundenbuch*, t. I,
p. 43. — *Chartes de servitude* « nullum judicem... nisi abbatem habeant » —
« nulli advocato, nulli hominum, nisi abbati judicio parium suorum
respondeant » — « placitum advocati, non nisi clamati adirent, solo
abbate magistro agerent » — « Remoto omni magistratu laicali, placitum
nullum nisi clamate aut clamature observarent, et hoc nusquam, nisi in
presentia abbatis et in caminata » — « Hi nullius advocati placito vel
justicie, preter abbatis subjacebunt, excepto si vadia susceperint sive
allodia acquisierint » etc. *Cartulaire de Saint-Trond*, t. I, *Introduction*,
pp. XXIV et XXV, et chartes de 1055 a 1217, pp. 17, 19, 20, 24, 28, 33, 42, 82,
88, 110, 114, 141, 149, 158, 160, 163, 165, 167, 170, 175.

(4) « Servientes vero qui prebendariis et qui fratribus infra claustrum
serviunt, vel qui foris ad curtes dagescalci dicuntur, nulli advocato neque
humioni subjaceant; sed tantum abbati ejusque praepositis, pro qui-

de personnes (1) ne doit se rendre qu'à un seul plaid.

Quant au territoire où l'avoué ne pouvait tenir les plaids, c'étaient les possessions affectées exclusivement à l'entretien des moines. A Saint-Trond, c'étaient les localités suivantes : Borloo, Laer, Meer, Wilderen, Kerkom, Stayen, Halmael (2). Il faut y ajouter les endroits où l'avoué avait renoncé à ses droits par la cession de l'avouerie, comme Aalem, dans le Brabant septentrional, donné à l'abbaye par Otton de Duras ; le successeur de celui-ci en abandonna l'avouerie au monastère (3).

Les attributions judiciaires de l'avoué comprennent, outre les trois plaids annuels, le *grand ban*. Primitivement, comme nous l'avons déjà dit, le ban est la faculté de donner des ordres avec clause pénale ; il se confond donc, pour ainsi dire avec la Justice. Comme le maintien de la paix publique, c'est-à-dire la juridiction, était un des attributs essentiels de la royauté, il est tout naturel que l'avoué reçoive, à sa nomination, le ban de la main du roi. Car l'Eglise ne peut verser le sang, et l'on sait si les lois étaient sévères au moyen âge. C'était donc à l'avoué qu'incombaient toutes les mesures violentes, comme l'arrestation et le châtiment des criminels. Il était investi du droit de haute justice, en vertu duquel il lui était permis d'infliger la peine de mort aux coupables condamnés par le tribunal des échevins, et c'est en cela que consistait le grand ban (4).

buscumque culpis respondeant ». an. 1050. Henri III pour Saint-Maximin, BLONDEL, *de advocatis*, p. 86.

(1) « Placitum cum servientibus id est scarariis Sancti Salvatoris, semper post natalem Sancti Remigii octavo die in Mermiche placitabit ». an. 1102. Henri IV pour Prum, BLONDEL, *Ibid*, p. 92. an. 1103, *Ibid.* p. 93 ; BEYER, *Ibid.* t. I, p. 463.

(2) « Quasdam curtes esse in abbatia, id est Burlon, Lare, Mere, Wilre, Kircheim, Staden, Halmale, in quibus nunquam a prioribus meis aliquid juris concessum est advocato, quia eaedem stipendiis adscriptae fratrum, nulli alteri obaudire debent quam preposito et ejusdem monasterii cellelario ». an. 1065 Charte d'Albéron III. *pièces justificatives*, I.

(3) An. 1146. *Cartulaire de Saint-Trond*, t. I, p. 68.

(4) Cfr. ci-dessus, pp. 34 et 35.

Le duel judiciaire. — Le duel judiciaire (1), différent du duel conventionnel public et du duel conventionnel privé, est un combat singulier, ordonné ou permis par l'autorité publique, suivant des lois établies, et comme moyen d'arriver à reconnaître le bon droit dans une cause en litige. La grande latitude laissée à l'accusé lui permettait de s'opposer à la sentence des juges, et de défier son accusateur. On recourait alors au jugement de Dieu, aux ordalies, et c'était le duel judiciaire ou bien l'épreuve de l'eau et celle du feu qui décidait du droit, et tantôt la force, tantôt le hasard faisait loi et primait la justice. En ce qui regarde notre question, le duel judiciaire servait surtout à trancher les difficultés surgies entre les chefs ecclésiastiques et les laïques, au sujet de la possession des biens d'église.

Dépositaires, usufruitiers de ces biens, les évêques et les abbés en avaient souvent perdu les titres ; le duel judiciaire justifiait, en ce cas, la propriété. Mais les clercs ne peuvent verser le sang, qui alors soutiendra le combat singulier à leur place ? De Saint Genois nous parle d'une espèce d'avouerie, de toutes la plus subalterne, et représentée par les *advocati campiones*, dont la mission était de défendre dans les combats judiciaires, les causes, et particulièrement les causes civiles de l'Eglise (2). Nous penchons à croire que ces personnages spéciaux n'étaient pas avoués ; c'étaient des champions à gages. D'ailleurs, l'avoué lui-même était chargé de soutenir, par le duel, les droits de l'Eglise. Dans le capitulaire de Vérone sur le duel judiciaire, l'empereur Otton, en 967, statue en ces termes : « Quand deux parties » réclament la propriété des terres en s'appuyant sur des » chartes ou sur des écrits, celle qui est condamnée comme » faussaire peut en appeler au duel judiciaire ; s'il s'agit » d'affaires d'Eglise, cela se fait par les avoués » (3).

(1) Cfr. DE SMEDT, S. J. *Les origines du duel judiciaire* dans les *Etudes* Paris, 1894 ; et *Le duel judiciaire et l'Eglise*, dans les *Etudes* 1895.

(2) SAINT-GENOIS, *Avoueries*, p. 164.

(3) *MGH. Legum Sectio IV, constitutiones imperatorum*, p. 29

Déjà, en l'an 800, Charlemagne avait défendu le duel judiciaire aux avoués de Prüm, sinon en présence de l'abbé ou de ses vassaux (1). L'avoué ne peut donc, sans la présence, c'est-à-dire sans le consentement de l'abbé, amener les parties en litige à vider leurs différends par le combat judiciaire. Cette disposition se rencontre ailleurs encore : « si l'on ne peut amener les plaideurs à s'accommoder, » l'abbé appellera l'avoué, qui les conduira au lieu marqué » pour le duel, et aura, pour son salaire, le tiers de » l'amende » (2). Ce témoignage nous révèle un élément de plus, l'endroit fixe où a lieu le combat ; cet élément, nous le retrouvons dans un diplôme de 1225, de Waleran de Limbourg et de Luxembourg, en faveur des religieux de l'abbaye de Sainte-Marie de Munster, où il est dit que, en cas de duel judiciaire, celui-ci aura lieu dans la cour de l'abbaye (3).

Ces documents nous donnent comme certaine l'existence du duel judiciaire. Deux faits nous montrent cette coutume en action ; l'un concerne les ordalies, l'autre, le duel proprement dit : A Chauvency en Lorraine, dépendance de l'abbaye de Saint-Hubert, un sous-avoué, Albéric, exigeait des corvées indues des hommes du monastère : il alla jusqu'à forcer un serf de s'atteler avec sa vache. Sur les plaintes de l'abbé Thierry, l'avoué supérieur, Adelon de Dun, fit comparaître devant lui Albéric. L'intendant de Chauvency fournit la preuve, et prêta le serment légal qu'il confirma par l'épreuve de l'eau (4). Ceci se passait en 1081 ; le second fait est de la même époque.

Il y avait lutte sanglante entre les habitants de la terre

---

(1) « Nec liceat ei duellum componere interius aut exterius sine abbatis aut ejus fidelium presentia ». BEYER, *Mittelrheinich Urkundenbuch*, t. I, p. 43.

(2) DOM CALMET, *Histoire ecclésiastique et civile de la Lorraine*, Nancy, 1728, t. III, Dissertation, XVIJ.

(3) BERTHOLET, *Histoire du duché de Luxembourg*, preuves, p. 53. ERNST, *Histoire du Limbourg*, t. IV, p. 66.

(4) *Chron. S. Huberti*, n° 54, dans *MGH. SS.* VIII.

d'Olne, dépendant de l'église Saint-Adalbert d'Aix-la-Chapelle, et ceux de Mont-Saint-Hadelin, territoire voisin, appartenant à l'abbaye de Stavelot. Sur les instances des religieux, les avoués, Godefroid de Bouillon pour Olne, Albert de Namur pour Stavelot, intervinrent. Le différend fut tranché par un combat judiciaire entre un champion d'Olne et un champion de Saint-Hadelin. Celui-ci fut vainqueur et le prince abbé de Stavelot le récompensa par le don d'une terre. L'acte de donation est contenu dans une charte de 1095 qui relate l'épisode ci-dessus (1).

A Saint-Trond, comme ailleurs, le jugement de Dieu était en usage. Un seul exemple nous en est rapporté. Vers 1365, après avoir épuisé tous les moyens de se faire rendre justice contre Henri de Halbeek et ses complices qui dévastaient les biens de son église, l'abbé Robert désigna deux mambours pour les provoquer en duel judiciaire à Liège. Les coupables reconnurent implicitement leurs torts en ne se présentant pas, et, condamnés par contumace, ils finirent par se soumettre à l'abbé (2).

Élection de l'abbé. — L'immixtion fréquente et quasi seigneuriale de l'avoué dans les affaires de l'abbaye ne lui donnait-elle pas d'autres attributions? Assurément, mais nous ne savons si elles sont le fruit d'empiètements, ou si ce sont des fonctions véritables. Telle est, par exemple, la participation à l'élection de l'abbé, à la composition des cours de justice.

Ducange (3) dit que l'avoué devait être présent à l'élection de l'abbé. D'autre part, de nombreux diplômes accordent ou confirment aux moines le libre choix d'un abbé (4), et leur

---

(1) STOUREN, *Histoire de l'ancien ban d'Olne*, dans *Société d'art et d'histoire du diocèse de Liège*, t. VII, p. 126-127.

(2) *Gesta abbat. trud., contin.* 3ª, pars IV, l. 2., *Gesta Roberti*, nº 10.

(3) DUCANGE, *Glossarium*, V. *Advocati.*

(4) Diplôme d'Otton I pour Gembloux, an. 946 : *MGH. DD.*, t. I, p. 163; Diplômes de Henri l'Oiseleur, an. 932, et d'Otton III, an. 992, pour Brogne : *Annales de la Société archéologique de Namur*, t. V, pp. 423 et 426; Diplômes de Lothaire III, an. 1137, et de Conrad III, an. 1138, pour Stavelot : *Recueil des ordonnances de Stavelot*, pp. 19 et suiv.

fréquence fait supposer que ce privilège fut souvent trans-
gressé. Or, nul personnage n'était mieux à même et n'avait
plus d'intérêt en cela que l'avoué, qui voulut parfois élever
ses créatures à l'abbatiat. Vers 1101, Henri I de Limbourg
introduisit de force à l'abbaye de Saint-Trond, dont il était
avoué, Herman, homme indigne qui n'avait pas prononcé
ses vœux (1). Celui-ci avait, déjà auparavant, obtenu par
simonie la mitre abbatiale ; mais il fut dépouillé de sa
dignité par l'évêque Otbert. Les moines, soutenus par
l'avoué Gislebert, opposèrent une vive résistance au duc de
Limbourg. Ces luttes durèrent jusqu'en 1107, ruinant le
monastère et soulevant le peuple mécontent. A la mort de
l'abbé Thierry, survenue en 1107, Herman, à force d'intrigues, parvint à se faire rendre la direction du couvent.
Il était alors protégé par les deux avoués, mais leur
triomphe fut de courte durée ; car, lorsque Henri V tint sa
cour à Liége à son retour des Flandres, l'usurpateur fut
condamné et destitué (2). Les abus de cette sorte étaient
fréquents à cette époque où les charges les plus saintes
étaient vénales grâce à la simonie qui régnait en maîtresse,
mais ils ne constituaient aucunement un droit.

S'il était présent lors de l'élection de l'abbé, l'avoué n'avait
que voix consultative, ce dont il se prévalut quelquefois
pour influencer la décision des religieux. Lorsqu'il s'agit de
donner un successeur à l'intrus Herman, le moine Rodolphe
réunit les suffrages malgré les efforts de l'avoué Gislebert.
Les débats furent violents, et les frères allèrent jusqu'à lui
dire publiquement qu'il n'avait rien à voir en cette affaire (3).
Toutefois, l'avoué pouvait émettre sur le nouvel élu un avis
souvent écouté en haut lieu. Ainsi Rodolphe, élu au mois

(1) *Gesta abb. trudon.*, *Gesta Rodulfi*, I. VII, nº 11. Cfr. A. CAUCHIE,
La Querelle des Investitures dans les diocèses de Liège et Cambrai, t. II,
pp. 100 et suiv.

(2) *Gesta abb. trud.*, *Gesta Rodulfi*, l. V, nº 4 ; l. VI, nºˢ 10 à 25 ; l. VII,
nºˢ 1, 2, 9 à 25.

(3) « ... Contradicente huic electioni mala animadversione advocato
nostro Gisleberto. Sed fratres et homines nostrae ecclesiæ maxima
constantia et libertate coram Metensibus et Leodiensibus pronuntiabant,
nichil omnino ad advocatum pertinere de tali re ». *Ibid.*, l. VII, nº 16.

de janvier 1108, en présence des évêques de Metz et de Liége, fut seulement ordonné abbé le 23 février. La cause de ce délai fut, selon Rodolphe, l'opposition de Gislebert, mû tant par ses préférences pour son protégé Herman, que par la crainte de se voir réfréner dans l'exercice trop libre de l'avouerie (1). De même, en 1138, le comte Otton de Duras, fils de Gislebert et avoué, se plaignit, dans une lettre à Étienne, évêque de Metz, de l'élection soi-disant irrégulière de l'abbé Folcard, qu'il qualifiait d'usurpateur. Cette manœuvre n'eut d'autre effet que de retarder l'approbation du choix des moines par l'évêque (2). Il est probable que le désir d'éviter cette obstruction systématique ne fut pas pour rien dans l'élévation de Gérard, frère de l'avoué Otton, à la dignité d'abbé en 1145 (3).

Là ne se borne cependant pas son office. C'est lui qui introduit le nouvel élu dans le monastère et l'installe comme seigneur des biens dont il a la garde. En 1107, quand Herman fut promu à l'abbatiat, le comte Gislebert, en sa qualité d'avoué, lui fit les honneurs de la réception, et veilla à ce que les vassaux de l'abbaye lui fissent hommage (4). Il était d'usage aussi que, au cours des cérémonies de son intronisation, outre le serment de fidélité qu'il prêtait à l'évêque, au couvent et à la ville de Saint-Trond, l'abbé conclût une sorte de pacte avec l'avoué (5).

La nomination des fonctionnaires de l'abbaye, villici et

---

(1) *Gesta abb. trud., Gesta Rodulfi,* l. VII, nᵒ 16.

(2) *Ibid., contin.* 2¹, l. I, nᵒ 1.

(3) *Ibid., Ibid.,* l. II, *Gesta Gerardi,* nᵒ 1.

(4) « Comes autem Gislebertus paratus erat suscipere, et quia advocatus erat , in abbatiam eum introducere ». *Ibid., Gesta Rodulfi,* l. VI, nᵒ 23. — « Nec mora ; adest Herimannus, et nuntiis imperatoris eum adducentibus, per comitem Gislebertum in abbatiam introducitur ; faciunt ei fidelitatem et hominium quibus placebat ipse, et qui propter comitem non audebant contradicere ». *Ibid.,* l. VII, nᵒ 12. — A Metz, après la mort de l'évêque, l'avoué se rendait à l'hôtel épiscopal pour le garder ainsi que les meubles qu'il renfermait. Après la vacance du siège, il remettait ce dépôt au successeur du prélat défunt. BONVALOT, *op. cit.,* p. 188.

(5) « Sal ich houde ende ghetruwe... den greven van Loen als vocht ». *Gesta abb. trud., contin.* 3¹, pars 2, *Gesta Roberti,* nᵒ 2.

écoutétes, ainsi que la composition des cours scabinales,
étaient réservées à l'abbé, et si des avoués ont mis des
conditions au choix du villicus, comme le comte de Durbuy
à Seny (1), et s'ils ont siégé au milieu d'échevins établis par
eux, comme le duc de Brabant en 1347 à Saint-Trond (2),
c'était à l'encontre de tout droit. A Fléron pourtant, les
échevins, nommés à vie par le chapitre d'Aix-la-Chapelle,
devaient être agréés par l'avoué (3).

Service militaire. — L'immunité avait laissé subsister
le service de l'*ost*, que tout seigneur, ecclésiastique ou laïque,
devait au souverain en sa qualité de vassal. Il consistait en
un contingent à fournir à l'armée impériale, soit périodi-
quement, soit selon le besoin des circonstances. Comme les
fonctions de capitaine ne pouvaient être associées à la dignité
d'évêque ou d'abbé, les empereurs, dès le principe, char-
gèrent l'avoué du service militaire (*Kriegsdienst*) (4). Beaucoup de communautés religieuses rachetèrent ce devoir,
d'autres en furent exemptées gracieusement, d'autres enfin
continuèrent de le rendre. Le monastère de Saint-Trond
avait payé douze cents manses la libération de ce service
onéreux (5), de sorte que ses avoués étaient dispensés de
conduire les hommes de l'abbaye aux expéditions de l'empereur. Ses voisins ne partageaient pas cet avantage. A Stavelot,
l'avoué devait suivre le souverain à la guerre, et cette obligation lui valait la jouissance d'un bénéfice (6) ; à Gembloux,
il en était de même (7) ; à Momale, dépendance de l'abbaye
de Saint-Laurent à Liége « l'avoué peut mener les hommes
» avec lui à armes, toutes les fois que besoin il en a, de

---

(1) *Le livre de l'abbé Guillaume*, p. 214.

(2) *Gesta abb. trudon., contin.* 3¹, pars 2ᵃ, *Gesta Amelii*, nᵒ 7.

(3) DE HARENNE, *Le château de la Rochette*, etc. dans *Institut arch. liégeois*, t. XXII, p. 27 et suiv.

(4) BRUNNER, *op. cit.*, t. II. p. 311; DUCANGE, *loc. cit.*; BLONDEL, *De advocatis*, pp. 19, 45 et ss. ; SAINT-GENOIS, *Avoueries*, pp. 14, 66.

(5) BONVALOT, *op. cit.* p. 133.

(6) Diplômes des empereurs Lothaire III et Conrad III, an. 1131, 1136, 1140, dans *Recueil des Ordonnances*, pp. 17, 18.

(7) Diplômes des empereurs Otton I, an. 946, et Frédéric I, an. 1153, dans *MGH. DD.*, t. I, pp. 163, 592.

» soleil levant à soleil couchant ; mais il doit les ramener
» ce'jour au village et les garder contre force (1) » ; à Saint-
Hubert, l'avoué doit défendre l'évêque de Liége et la terre
de Saint-Hubert. Il doit alors se présenter devant la croix,
à Saint-Hubert, requérir le mayeur de sortir la bannière et
de la remettre à celui à qui on en a confié la garde ; puis
ledit mayeur et tout le pays le suivront à la guerre à ses
frais. Les habitants ne sont pas obligés de servir l'avoué
dans une guerre personnelle (2). L'avoué de Hesbaye avait
le commandement des troupes de l'église Saint-Lambert de
Liége, et c'est à lui que l'on confiait la bannière (3).

Symbole de l'avouerie. — L'avouerie fait partie des
institutions du moyen âge, époque du symbolisme par excel-
lence, et il serait curieux de rechercher si elle n'a pas eu
son expression concrète. On a parlé des clefs (4), mais il
est embarrassant de fixer la portée de ce signe. D'un autre
côté, nous avons vu qu'à Fléron, lors de l'entrée de l'avoué
en charge, avait lieu la remise de la cloche, symbole de la
prise de possession de l'avouerie (5). La cloche banale est,
en effet, comme une voix par laquelle le seigneur intime ses
volontés à ses hommes. L'abbé, à son inauguration, n'est-il
pas conduit par les échevins auprès de la cloche banale,
qu'il sonne en signe de son pouvoir temporel? (6). Le duc de

(1) Record de 1351, pour terminer une contestation entre l'abbé de
Saint-Laurent et l'avoué de Momale dans *Société d'art et d'histoire du
diocèse de Liége*, t. II, p. 227-228.

(2) Record donné, en 1363, par les *fautois* du pays de Saint-Hubert,
Institut arch. liégeois, t. VII (1864), p. 516 ; *CRH.*, 3e série, t. II (1861),
p. 315 ; Cfr. ci-dessus. p. 25, *Serment*.

(3) SAINT-GENOIS, *Avoueries*, pp. 107-113; *Triumphus Sancti Lamberti
de Castro bullonio*, no 17 : « Cives et populus Legiae sua fixere tentoria,
quibus praeesse jussus est Eustachius advocatus de Hasbania » an. 1141,
dans *MGH. SS.*, t. XX, 497-511.

(4) Deux clefs, symbole de ses deux avoueries, ont été retrouvées dans
la tombe de Sigefroid, premier comte de Luxembourg. NAMÈCHE, *Cours
d'histoire nationale*, t. III, p. 343; SAINT-GENOIS, *Avoueries*, p. 192.
WAITZ déclare n'avoir rencontré nulle part la mention de ce symbole.
Op. cit., t. VII, p. 350, note 3.

(5) DE HARENNE, *Le château de la Rochette*, etc., dans *Institut arch.
liégeois*, t. XXII, pp. 27 et suiv.

(6) *Gesta abb. trudon.*, *Contin.* 3a pars, 2a, *Gesta Roberti*, no 2.

Brabant fit de même lorsqu'il investit Saint-Trond en
1347 (1), et l'avoué Gislebert, en 1121, rassembla le peuple
au son de la cloche (2). Enfin, ce n'est qu'après avoir sonné
celle-ci qu'on put, en 1304, condamner les rebelles (3). Tout
acte de pouvoir du seigneur semble donc être annoncé aux
habitants par cette cloche, appelée banale à juste titre : elle
salue l'entrée d'un maître nouveau, elle avertit le peuple de
l'approche du danger, et prélude à l'œuvre de la justice.

Le rôle que nous venons de voir dévolu à l'avoué dans ces
divers attributs du pouvoir seigneurial nous autorise à dire
que la cloche banale, comme symbole de l'avouerie, a beaucoup de vraisemblance.

---

(1) *Gesta abb. trudon.*, *Contin.* 3ᵃ, pars 2ᵃ, *Gesta Roberti*, nᵒ 2, *Gesta Amelii*, nᵒ 7.

(2) *Gesta abb. trudon.*, *Gesta Rodulfi*, I. XI, nᵒ 10.

(3) *Ibidem*, *contin.* 3ᵃ. pars 4ᵃ, *Gesta Ade*, nᵒ 5.

CHAPITRE IV.

Les droits des avoués.

—

Les lois germaniques attribuaient au gardien de la paix publique des avantages déterminés : le roi avait les dons annuels des hommes libres, et son représentant, le comte, jouissait d'un bénéfice et d'une part dans les amendes judiciaires. Il est fort probable que, dans les domaines affranchis par l'immunité, l'avoué hérita des émoluments comme des fonctions de l'agent royal, et si, dans la suite, les nombreuses chartes et les records d'échevins qui réglèrent les droits d'avouerie nous montrent une grande diversité parmi ceux-ci, il est facile d'y reconnaître des catégories distinctes correspondant à des devoirs particuliers.

Servitium et Hospitium. Bien que ces droits fussent inséparables de la souveraineté territoriale, ils furent concédés à l'avoué comme protecteur du seigneur et des habitants des terres ecclésiastiques. Si le roi, dont le *mundium* était plutôt moral qu'effectif, pouvait se contenter d'un service le plus souvent d'ordre spirituel, l'avoué, dont la mission tutélaire exigeait un grand dévouement et lui accordait plus d'un attribut seigneurial, par exemple, aux plaids, fut récompensé par l'octroi de redevances appelées *servitium* (1). Celui-ci lui était dû, d'un côté, par le proprié-

---

(1) «Glorioso principi et advocato suo majori Waleramno abbas Rodulfus et congregatio Sancti Trudonis fideles orationes et servicium.» Lettre de Rodolphe à Waleran II, duc de Limbourg, *Pièces justificatives*, II.

taire qu'il représentait et soutenait à l'occasion, de l'autre,
par les tenanciers de l'abbaye.

Lorsque l'avoué, trois fois par an, parcourait le domaine
ecclésiastique pour tenir les plaids généraux dans les différentes cours échevinales, l'abbé ou son officier, le villicus,
devait subvenir à son entretien et à celui des cavaliers qui
l'accompagnaient. Comme ces assemblées étaient très importantes et se prolongeaient pendant une journée au moins,
l'avoué était hébergé aux frais du propriétaire dont il tenait
la place. Le *servitium* dû par l'abbé n'est donc en réalité
que l'*hospitium*, *hospitatio*, *pernoctatio*, ou droit de gîte.

En 1034, Réginard, évêque de Liége, donne à l'abbaye
de Saint-Laurent des biens situés à Geest Saint-Remy, dont
il institue Lambert, comte de Louvain, avoué; celui-ci doit
se contenter de ce que l'abbé voudra bien lui payer (1). En
1103, dans une sentence rendue au sujet de l'avouerie
d'Olne (2), l'empereur Henri IV dit que le chapitre d'Aix-la-
Chapelle doit recevoir l'avoué trois fois l'an, aux plaids
généraux, et lui fournir le *servitium*. Dans le règlement
de l'avouerie de Prüm de 1102 et 1103, le même Henri IV
déclare que le *servitium* dû en entier par l'abbé à l'avoué,
sera acquitté par le villicus (3). En dehors des plaids généraux,
le *servitium* incombait à celui qui réclamait le secours de
l'avoué, que ce fût le seigneur ou ses tenanciers (4). Ce droit

---

(1) DARIS, *Le Cartulaire de l'abbaye de Saint-Laurent*, dans *Société
d'art et d'histoire du diocèse de Liége*, t. II, p. 143 ; MARTÈNE et DURAND,
Ampl. coll., t. IV, p. 1171. — Diplôme de Otton I pour Saint-Maximin,
an. 963 : « ad unum vero placitum villicus advocato pro servitio dabit
XXX denarios aut servitium quod valeat XXX denarios ; ad secundum
quoque placitum tantum servitii dabit illi quantum ad primum et non
plus ». BLONDEL, *De advocatis*, p. 85 ; dans *MGH. DD.*, t. II, p. 17, ce
diplôme est daté de 973.

(2) Publiée par ERNST, *Histoire du Limbourg*, t. VI, p. 115.

(3) « Eadem die ex parte abbatis jam dictum servitium accipiat (advocatus)... In quocumque autem loco jure placitum habere debet, eadem
die villicus abbatis servitium advocato tribuat.. » ; BLONDEL, *De advocatis*, pp. 92, 93.

(4) An. 800, diplôme de Charlemagne pour Prüm ; *CRH.*, 1e série, t. V,
(1842), p. 299 ; — an. 1112. « Cum vero invitatus venerit (advocatus),
subscriptum tantum servitium a fratribus habebit », *Cartulaire d'Afflighem*, 1er fascic., p. 38, dans *Analectes pour servir* etc.

s'acquittant en nature, les avoués en abusèrent, et le droit de gîte fut converti en une rente fixe. En 1166, le service dû à Arnould de Velpen pour l'avouerie de Webbecom fut réservé à cinq hommes d'armes, lui compris, à cinq serviteurs, à deux intendants et à quatre échevins; et pour celle de Haelen, il fut converti en une rente de quinze sols pour les trois plaids (1).

Les avoués locaux jouissaient d'une pension ou d'un bénéfice (2).

Il est cependant impossible d'établir une distinction rigoureuse entre le *servitium* et l'*hospitium*, celui-ci faisant partie du premier (3), et il est certain que l'abbé était astreint à des redevances, comme les tenanciers et la *familia* de l'abbaye. Ces derniers payaient une sorte de contribution, qu'on peut considérer comme capitation et comme impôt sur les terres. A Prüm, tout serf devait payer un *servitium* de deux oboles, l'une à l'Épiphanie, l'autre à la fête de saint Jean-Baptiste, c'est-à-dire, aux plaids généraux (4); dans l'acte de donation de 1136, en faveur de l'abbaye de Saint-Jacques à Liége, il est spécifié que l'avoué percevra annuellement un muid d'avoine sur chaque habitation(5); le sous-avoué de Gembloux prélève, dans les dépendances du monastère, une taxe d'un denier, une poule et une rasière d'avoine sur chaque maison, sauf pour les villici et les forestiers (6). Cette redevance, si elle tient de la capitation parce qu'elle oblige le chef de chaque famille, se rattache, parce qu'elle atteint les immeu-

---

(1) *Cartulaire de Saint-Trond*, t. I, p. 111, 113. Jean IV, évêque de Liége, prit une mesure semblable pour l'avouerie de Halmael, en 1374. *Ibid.*, t. II, p. 66.

(2) *Le Livre de l'abbé Guillaume*, pp. 30, 34, 35, 57, 82, 96, 97, 224, 226, 243, 360, 362.

(3) Diplôme de Conrad III pour Stavelot, an. 1141 : « nullum hospitium, nullam precariam, nullam prorsus exactionem vel servitium habeat (advocatus) ». *Recueil des Ordonnances de Stavelot*, p. 25.

(4) Diplôme de Henri IV pour Prum, an. 1103, dans BLONDEL, *De Advocatis*, p. 92.

(5) ERNST, *Hist. du Limbourg*, t. V, p. 131.

(6) Diplôme d'Otton I, dans *MGH. DD.*, t. I, p. 163; et de Frédéric I, an. 1153, *CRH.*, 4e série, t. II, p. 275.

bles, à l'impôt foncier. Tantôt le *servitium* est déterminé
pour un village entier, tantôt pour une terre en particulier. A
Prüm, le service entier était d'un muid de blé, deux mesures
de vin, un porc, douze deniers, un cochon de lait, deux poules,
trois muids d'avoine (1). Certaines terres ne doivent que la
moitié de la redevance. Le *servitium* que l'avoué percevait
à Olne était si considérable qu'on doit admettre qu'il était
acquitté par tout le village ; il se composait de douze muids
de seigle, trente et un d'avoine, huit porcs et quatre porce-
lets, huit moutons, trente six poules, et quinze sols pour le
vin (2).

Ces dons en nature rappellent les présents annuels que le
roi franc recevait des hommes libres au champ de mai, et
qui furent convertis par Louis le Pieux en un impôt régulier
et obligatoire dénommé *servitium* ou *subsidium regis* (3). Ce
droit, dévolu au maître absolu du territoire, se reconnaît dans
les redevances que doivent les serfs et les colons au propriétaire en vertu du droit domanial, et surtout dans le *servitium*
payé aux plaids généraux, lorsque l'immunité eut conféré
aux grands la seigneurie dans toute sa plénitude, seigneurie
dont participait l'avoué des biens ecclésiastiques. Il ne paraît
pas que le service ait été d'une fixité absolue, car c'est au
plaid qu'on en convient (4). Il subit cependant dans la suite

---

(1) Diplôme de l'empereur Henri IV, an. 1103, dans BLONDEL, *De Advocatis*, p. 92.

. (2) Diplôme de l'empereur Henri IV, an. 1103, dans ERNST, *Histoire
du Limbourg*, t. VI, p. 115. Cfr. STOUREN, *Histoire de l'ancien ban d'Olne*,
dans *Société d'art et d'histoire du diocèse de Liége*, t. VII, p. 127 et suiv.

(3) FLACH, *Les Origines de l'Ancienne France*, t. I, p. 340 ; BONVALOT,
op. cit., p. 115.

(4) DUCANGE, *Glossarium*, V. *Advocati*. — HANSAY, *Étude sur la formation et l'organisation économique du domaine de Saint-Trond*,
p. 112, semble assimiler le *servitium* à l'*hospitium* Celui-ci, cependant,
n'est que le droit de gîte, et il est rendu à l'avoué par le villicus de l'abbé,
tandis que le premier est acquitté par toute la communauté, parce que
c'est un impôt que prélève tout seigneur sur les habitants de ses terres.
Le mot *servitium* est même employé parfois dans le sens de domination,
de souveraineté : « an. 1093, dux Godefridus qui postea Iherosolimam
profectus rex ibi defunctus est, totam abbatiam nostram suo mancipat
servitio ». Cfr. *Gesta abbatum trudonens.*, *Gesta Rodulfi*, l. V, nº 1.

une transformation essentielle. Sans doute pour mettre un terme aux abus auxquels devait se prêter un impôt semblable, on donna un bénéfice à l'avoué, pour lui permettre de tenir les plaids et de protéger le domaine, sans qu'il eût besoin d'exiger désormais des redevances onéreuses des habitants des terres d'église (1).

Est-ce là que nous devons chercher l'origine de la prébende attachée à l'avouerie de Saint-Trond? Dans sa lettre à l'avoué supérieur Waleran II de Limbourg, l'abbé Rodolphe dit à ce dernier que, pour son avouerie, il a en fief onze cents manses, dont il en a remis trois cents à l'avoué Gislebert de Duras (2). De ces émoluments considérables, le duc Charles de Bourgogne, en 1476, n'avait plus qu'une rente d'environ 200 florins de Brabant (3). Ailleurs, ce bénéfice avait sa source dans le service de l'ost dû à l'empereur, car, si à Gembloux les premiers avoués avaient le droit de prélever un impôt extraordinaire pour les expéditions de l'empire, à Stavelot ils possédaient un fief afin qu'ils n'eussent aucun prétexte de pressurer l'abbaye à cet effet (4).

(1) Cfr. LAMPRECHT, *Deutsches Wirtschaftsleben im Mittelalter*, I² Darstellung, Leipzig, 1886, pp. 1074, 1079 et suiv.; WAITZ, *op. cit.*, t. VII, pp. 348, 362-364; BRUNNER, *op. cit.*, t. II, p. 309; PIRENNE, *Histoire de Belgique*, t. I, p. 130. — An. 1079, donation à l'église de Liège : « cui advocato ne laxius juste aut licentius presumeret, aut injuste quemlibet ex familia supervaderet, ad servitium villam Hartem cum appenditiis destinavi ». HANSAY, *Les Origines de l'État liégeois*, dans *RIP.*, t. XLIII, p. 10, note 1.

(2) An. 1119-1138 « ut vos habeatis inde pro advocatia 1100 mansos, de quibus comes Gislebertus tenet de vobis 300, exceptis ecclesiis et servis ad eas pertinentibus et placitis suis et justiciis in abbatia ». *Pièces justif.*, II; THOMASSIN, *Anc. et nouv. discipline de l'Église*, t. III, l. 2, C. 55, n° 3.

(3) Cfr. un compte du receveur du duc de Bourgogne au pays de Liège, reproduit par SAINT GENOIS, *Avoueries*, p. 181. Cfr. *Recueil des Ordonnances de la Principauté de Liége*, publ. par STAN. BORMANS, 1ʳᵉ série (974-1506), Bruxelles, 1878, pp. 595, 624.

(4) An. 1137, diplôme de Lothaire III, reproduit en 1140 par Conrad III : « advocatus expeditionem et arma pro summa et debito sui beneficii nobis successoribusque nostris procuret, abbate et ministerialibus et tota familia atque ejusdem ecclesiae possessionibus super hoc liberis et nullum nobis vel advocato supplementum praestantibus ». *Recueil des Ordonnances de Stavelot*, p. 25. Déjà, sous Notger, c'est-à-dire plus d'un siècle auparavant, les défenseurs des églises avaient un bénéfice.

Droits de justice. — Si, à part dans les premières
chartes d'avouerie, le *servitium* semble assimilé au droit de
gîte, c'est que cette redevance fixe était acquise définitivement aux avoués sous la forme d'un bénéfice. Autre fut la
destinée des revenus de justice, mentionnés à toutes les
époques de l'avouerie, parce qu'ils variaient selon le nombre
et l'importance des causes. L'avoué avait le troisième
denier des plaids généraux et du grand ban (1), en sa
qualité d'agent judiciaire des domaines ecclésiastiques.
C'est lui qui livrait au tribunal des échevins les voleurs,
les brigands, les émeutiers, les assassins. Comme ces
délits, ressortissant à la justice criminelle, entraînaient la
peine de mort souvent accompagnée de la confiscation des
biens, ou encore le wergeld, c'est-à-dire la composition
à payer par le coupable à la victime ou à sa famille, c'est
encore à lui qu'il appartenait d'exécuter la sentence. Pour
cela, le tiers de l'amende due par le condamné au seigneur
pour la contravention à la paix publique, était accordée à
l'avoué (2).

Quant au troisième denier des plaids généraux, c'est le
prix de son intervention dans la justice civile, soit pour les
procès entre tenanciers, soit pour les différends entre l'abbé
et les habitants de ses terres. Les deux parties en litige
étaient invitées à comparaître devant le tribunal et déposaient
une caution (3). Ce double dépôt constituait-il l'amende dont
étaient passibles le plaideur conscient de l'injustice de sa
cause aussi bien que le condamné? En outre, l'avoué a droit

_____

(1) Pour Saint-Trond, charte d'Albéron III, an. 1065 et ses reproductions,
an. 1119-1138, 1176, 1256; *Pièces justificatives*, I, II, IV.

(2) « de luit et de burina tercium denarium habebit.... de latronibus
deprehensis similiter tercium denarium ». an. 1079, HANSAY, *Les Origines de l'État liégeois*, dans *RIP.*, t. XLIII, p. 10, n 1.

(3) MANTELIUS, *Histor. loss.*, p. 81, *Cartulaire de Saint-Trond*, t. I,
p. 82. — En 1358, les échevins de Saint-Trond, prévaricateurs, durent se
libérer en payant 6 florins, qui furent répartis entre l'évêque de Liége,
l'abbé, et l'avoué. *Gesta abb trudon.*, *Cont.* 3¹, pars 4ᵃ l. 2, *Gesta Roberti*,
nᵒ 7; — An. 800. Charlemagne répartit les *vademonia* entre l'abbé et
l'avoué. *CRH.*, 1ᵉ série, t. V (1842), p. 299.

à la troisième partie de tout ce que, par ses bons offices, il fait acquérir ou restituer au monastère (1). Enfin, quand le duel judiciaire ou les ordalies avaient désigné un coupable, celui-ci payait une amende dont le tiers revenait à l'avoué (2). En dehors des plaids ordinaires, l'avoué n'intervenait qu'à la demande de l'abbé, trop faible pour faire reconnaître ses droits, ainsi que cela arriva souvent au cours des revendications contre les spoliateurs de l'abbaye (3). En pareil cas, l'avoué faisait rendre justice au chef ecclésiastique et obligeait les délinquants à se soumettre à la sentence des échevins. A Helchteren, par exemple, tout tenancier qui n'avait pas acquitté son loyer à l'échéance, devait payer, outre sa dette, une amende dont l'avoué avait le tiers (4). Près de Saint-Trond passait un ruisseau qui devait avoir, de par la sentence des échevins, neuf pieds de large. Les manants dans les champs desquels ce canal n'avait pas la largeur voulue, furent passibles d'une amende, dont l'abbé eut deux parts, et l'avoué, l'autre ; de plus, les bâtisses et les arbres qui occupaient le cours régulier de l'eau furent dévolus à l'abbé, et l'avoué en eut le tiers. Lorsque, en 1258, on procéda au mesurage, les personnes en faute acquittèrent l'amende, une petite maison fut abattue, et plus de cent arbres coupés (5). Ces droits étaient communs à la justice et à l'administration, et ils nous amènent à parler des émoluments divers et irréguliers dont jouissait encore l'avoué.

---

(1) « duo placita in anno teneat. et quidquid ibi palam vel secreto acquisierit, due partes ad altare Sancti Maximi, tercia advocato cedat ». An. 973. *MGH. DD.*, t. II, p. 17.

(2) CALMET, *Hist. de Lorraine*, t. III, *dissertation* XVII.

(3) A Saint-Trond, cfr. *Pièces justif.* I ; à Brogne, *Société arch. de Namur*, t. V, p. 433 ; à Stavelot, *Recueil des Ordonnances de Stavelot*, pp. 17, 20, 25.

(4) Cfr. *Pièces justif.*, VI.

(5) « Et in cujuscumque hereditate rivus fuerit minus latus, debet solvere butam vel emendam, unde abbas habet duas partes et advocatus habet terciam partem. Item edificia et arbores que inveniuntur in cursu rivi sunt abbatis et advocatus habet etiam inde terciam partem ». *Le Livre de l'abbé Guillaume*, pp. 150, 151.

Banalité. — La plupart des chartes et diplômes d'avouerie récusent aux défenseurs des monastères le pouvoir d'exiger des *precarias vel exactiones*, qui sont de véritables impositions appartenant au seul seigneur de la terre (1). Certains avoués, cependant, possèdent des droits banaux, par exemple, la chasse ou la pêche (2), des corvées dues par les habitants (3), la glandée ou faculté de laisser des porcs dans les forêts (4), un moulin banal (5), une redevance sur les essaims d'abeilles (6). Parfois encore, ils ont des émolu-

(1) WAITZ, *op. cit.*, t. VII, p. 366; DUCANGE, *Glossarium*, V. *precaria* : c'est le tribut en argent et les prestations en nature que le vassal ou *homo* doit à son seigneur et patron. Cfr. la charte de Henri III de Limbourg, an. 1176, *Pièces justificatives*, n° IV. — Arnould de Velpen avait encouru l'excommunication pour avoir exigé des *precarias* à Haelen et à Webbecom, *Cartulaire de Saint Trond*, t. I, p. 95. — Rodolphe se plaint des *precarias quas fecit pater* (Gislebertus) *contra jus ecclesiae nostrae*, Cfr. *Lettre de Rodolphe à Étienne*, évêque de Metz, dans *Gesta abb. trud.* après la *contin.* 1ᵃ. — Pour Stavelot, l'empereur Conrad III, en 1140, s'exprime ainsi : «... *praecipimus ut advocatus in curtibus ejusdem ecclesiae, sive in ministerialibus vel in totu familia, nullam justitiam, nullum placitum, nullum hospitium, nullam precariam, nullam prorsus exactionem vel servitium habeat....* » *Recueil des Ordonnances de Stavelot,* p. 25.

(2) Pour Fléron, cfr. DE HARENNE. *Le château de la Rochette*, etc. dans *Institut arch. liégeois* , t. XXII, pp. 27 et suiv.

(3) Dipl. de Henri IV pour l'abbaye de Prum, an. 1102, 1103; dans BLONDEL, *De advocatis*, p. 92, 93. — Mémoires concernant certains droits de l'avoué de Mehaigne, dans *Société archéologique de Namur*, t. II (1851), p. 201-208.

(4) C'est le *panagium*, cfr. *Pièces justificatives* VI.

(5) Le moulin de Gorsemeroel était donné en fief à l'avoué. *Le Livre de l'abbé Guillaume*, p. 186. — Le seigneur de Durbuy, avoué de Saint-Trond pour Seny, forçait les hommes du monastère à moudre à un de ses moulins. *Ibidem*, p. 214. — Tous ceux de Momale (dépendance de Saint-Laurent) doivent moudre au moulin de l'avoué à diestewitème laienagie payant, savoir, pour chaque muid une fertaille ». DARIS, *Le Curtulaire de l'abbaye de Saint-Laurent*, dans *Société d'art et d'histoire du diocèse de Liége*, t. II, p. 228.

(6) « Advocati nichil juris habent in vennia apum (droit d'épave sur les abeilles).... Si aliquociens apes, que vocatur *swarm*, inveniantur pendentes in ramis arborum, tercia pars pertinet ad advocatum, et due partes pertinent ad abbatem. Si vero apes inveniantur in arbore, tunc advocati nichil juris habent in illis, sed integro et libere sunt abbatis ». *Pièces justificatives* VI; *Le Livre de l'abbé Guillaume*, p. 317. — Une disposition analogue, bien que l'avoué n'y intervienne pas, se rencontre à Olne. « Si quelqu'un trouvait un essaim d'abeilles, il avait droit à la moitié de sa valeur, n'importe l'endroit où il le trouvait; le mayeur et le

ments spéciaux attachés à des fonctions extraordinaires (1).
L'avouerie était donc une source considérable de revenus.
Nous avons vu plus haut l'évaluation du *servilium*. Quant
aux amendes judiciaires, elles sont souvent proportionnées
aux moyens des condamnés, comme à l'abbaye de Saint
Maximin de Trèves (2). Un record du xive siècle pour
l'avouerie du ban d'Olne (3) nous apprend que « monte ly
» grande amende trois livres courant en bourse ; desquelles
» trois livres ly vouwé en at cincquante sols, et ly mair et
» ly eschevins diez sols, de quoi ly mair at ortant que deux
» eschevins » ; quant à la petite amende, elle est de
« xiiii sols parielle monoie, dont une moitié vat à charrier
» de Saint Aubier, et l'autre moitié ly vouwé y at eus vint
» deniers, et le remanant va à mair et aux eschevins ». Les
amendes auxquelles on condamnait les fermiers en retard
dans leurs payements, étaient de cinq sols de Saint-Trond (4).

dîmier du chapitre avaient l'autre moitié. Le possesseur du sol sur
lequel on le découvrait n'avait aucun droit. » STOUREN, *Hist. de l'ancien
ban d'Olne*, dans *Société d'art et d'histoire du diocèse de Liége*, t. VIII,
p. 146.

(1) A Saint-Trond, un avoué eut trois marcs pour avoir dépouillé un
officier prévaricateur, et la moitié de la dîme d'une paroisse pour en avoir
expulsé le curé excommunié. *Lettre de Rodolphe a Étienne*, évêque de
Metz, dans *Gesta abb. trud.*, après la *contin.* 1a ; à Metz, l'avoué gardait
l'hôtel épiscopal pendant la vacance du siége, et il était traité, avec sa
suite, aux frais de l'évêché. BONVALOT, *op. cit.*, p. 188.

(2) an. 963 ou 973, « Si in placito advocati culpabilis inventus fuerit
aliquis de ipsa familia, non plus quam quinque solidos solvet ; qui vero
omnino pauper est, unum tantum solidum et non plus dabit ». BLONDEL,
De Advocatis, p. 85 ; *MGH. DD.*, t II, p. 17. On trouve la même restriction à Saint-Hubert, Cfr. *Chron. S. Huberti*, dans *MGH. SS.*, t. VIII.

(3) *Société d'art et d'histoire du diocèse de Liége*, t. VII, p. 296.

(4) Cfr. *Pièces justificatives*, VI.

N. B. Voici, d'après PIRENNE, *Introduction* au *Livre de l abbé Guillaume*, p. XLVI-LII, la réduction en espèces courantes des monnaies
dont il est question :

1 marc = 1 livre = 20 sols = 240 deniers = 280 oboles.

1 obole { Liége = 7 1/2 cent. | 1 denier { liégeois = 15 centimes.
          { Louvain = 5 cent. | { louvaniste = 10 centimes.
                                              { de St-Trond=env. 10 cent.

1 sol = 12 deniers ou { Liége = 15 × 12 = 180 centimes.
                       { Louvain = 10 × 12 = 120 centimes.

1 marc ou 1 livre = 20 sols { Liége = 1.80 × 20 = 36 francs.
                            { Louvain = 1.20 × 20 = 24 francs.

CHAPITRE V.

Du titre d'avoué.
Les différentes espèces d'avoués.

—

Sans nous arrêter aux diverses appellations sous lesquelles on a de tout temps désigné les avoués, telles que *defensor*, *causidicus*, *patronus*, *vicedominus*, *mundiburdus*, *praepositus*, *oeconomus*, *procurator*, *syndicus*, *judex* (1), nous allons donner la véritable portée des divers titres que nous avons rencontrés au cours de cette étude.

1° ***Advocatus***. — Tous les avoués portent ce nom. Il désigne celui dont la puissance protectrice éloigne le danger (2), et aussi celui qui prête secours et assistance, soit par les armes, soit devant la justice.

2° ***Advocatus major, superior***. — C'est le haut avoué, celui qui, à l'époque féodale, est le suzerain des autres avoués et remplace le roi ou le prince temporel comme gardien de la paix. A Saint-Trond, c'étaient Frédéric, duc de Lotharingie, puis les comtes et ducs de Limbourg et enfin les ducs de Brabant.

---

(1) BLONDEL, *De Advocatis*, Appendix I, pp. 79-81 ; BONVALOT, *Histoire du droit et des Institutions de la Lorraine*, etc., p. 135.

(2) L'abbé Rodolphe, après avoir rapporté les difficultés que lui avait suscitées Otton, fils de l'avoué Gislebert de Duras, en s'opposant à main armée à ses justes revendications, s'exprime comme suit : « tamen dedit Deus nobis victoriam per melioris advocati nostri auxilium, scilicet beati prothomarthyris Stephani... ». *Gesta abb. trud., Gesta Rodulfi*, l. IX, n° 9 ; — Sur une pierre du mur septentrional de la clôture de l'ancienne abbaye du Val Notre-Dame lez Huy, on lit le chronogramme suivant : *Mariae Virgini, advocatae hujus vallis*.

3° *Subadvocatus.* — Ce vocable désigne souvent des avoués d'endroits particuliers. Il est parfois employé pour *advocatus*, surtout quand, dans une même circonstance, celui-ci apparaît à côté de l'avoué supérieur.

4° *Defensor.* — C'est le même que l'avoué, mais il semble accorder au monastère une protection gratuite (1).

5° *Advocatus loci.* — Ce terme est d'un emploi rare, pour désigner l'avoué local (2). Celui-ci, à Briedel, porte le nom de *dincvogt* (3).

6° *Advocatus oppidi.* — Ce titre est donné à l'avoué supérieur et à l'avoué, comme les comtes de Duras, quand ils sont en rapports directs avec la ville de Saint-Trond.

*
* *

« Mais il ne faut pas, dit Piot (4), en recherchant le rang
» des avoués, s'attacher exclusivement à leur qualification,
» il faut avant tout examiner à quel titre ils interviennent
» dans les actes ». A ce point de vue, une charte très instructive est celle où Henri III de Limbourg, avoué supérieur du monastère de Saint-Trond, réprime en cette qualité l'avoué, le comte de Duras, et les sous-avoués nommés par celui-ci, à cause des exactions qu'ils commettaient sur les terres de l'abbaye (5). Il est bon de remarquer que cet acte est de la fin du XIIe siècle, alors que la féodalité, en morcelant le territoire, a distribué à la foule des seigneurs, grands et petits, tous les pouvoirs publics. Les premières

(1) Le comte de Namur se dit *defensor* de l'abbaye de Brogne : an. 1154, « Igitur advocatiam sive nomen advocati non habeo in ecclesia, sicut nec antecessores mei habuerunt, sed ipsius *defensor* existo pro suis orationibus... » Charte de Henri l'Aveugle, dans *Société archéologique de Namur*, t. V, p. 434.

(2) *Cartulaire de Saint-Trond*, t. I, p. 211; *Gesta abbatum trudonensium*, *Gesta Rodulfi*, l. IX, n° 17.

(3) *Cartulaire de Saint-Trond*, t. I, p. 120.

(4) *Cartulaire de Saint-Trond*, Introduction, p. XVII.

(5) An. 1176 — « Comes de Duraz aliique sub ipso advocati » ..... « Quod si comes vel aliquis ab eo constitutus advocatus... » Cfr. *Pièces justificatives*, IV.

chartes de constitution d'avouerie, dont nous avons parlé
plus haut, n'attribuent cependant la défense du couvent
qu'à un seul prince. Il s'agit donc de rechercher par suite
de quelles circonstances l'avouerie d'un seul monastère a pu
être répartie entre plusieurs seigneurs qui la possédaient à
des titres différents.

Sous des souverains puissants et pleins de sollicitude
pour l'Église comme les Carolingiens, l'avouerie resta
simple; elle s'étendait à tout le domaine qui prospérait en
sécurité. Mais lorsque les guerres civiles, en provoquant la
chute de l'empire et l'affaiblissement du pouvoir royal, eurent
préparé l'anarchie qui permit aux peuples du Nord de semer
la terreur dans notre pays, l'aristocratie, désormais maîtresse,
autant par souci de sa sécurité que par soif de s'agrandir,
étendit impunément sa domination sur les terres et les
personnes.

Décimés par les guerres intestines, détruits ou dépeuplés
par les invasions normandes, les couvents s'offraient comme
une proie facile à la convoitise des grands, qui exercèrent
en maîtres la juridiction sur les biens ecclésiastiques asservis.
Et quand, l'ordre une fois rétabli, vint l'heure de la restitution, il fallut leur abandonner au moins la protection des
monastères rebâtis. Les grands seigneurs devinrent donc
avoués, et de plus, ils jouirent d'une suprématie considérable
sur les autres défenseurs en vertu de leur puissance politique
et de la féodalité. D'autres fois, ce fut l'avoué qui profita d'un
heureux concours de circonstances pour prendre le pas sur
ceux à qui était confiée la garde des possessions éloignées.
Car les nombreuses donations dont les églises furent l'objet
avaient augmenté le domaine d'une façon irrégulière, de
sorte que les biens disséminés furent placés sous la garde
des seigneurs voisins, qui grossirent ainsi le nombre des
avoués (1). On ne peut pas dire toutefois que ce fut une règle

(1) WAITZ, op. cit.. t. VII, p. 333 et suiv.; POULLET, op. cit., t. I,
nᵒˢ 493-495; VON WICKEDE, op cit., pp. 26, 28. — Quand un domaine était
privé de ses protecteurs, il était exposé aux spoliations de ses voisins.
Ainsi, vers 1090, les évêques de Metz et de Liége étant morts presque en

générale; en effet, ce sont les empereurs qui conservèrent pendant longtemps la tutelle de l'abbaye de Stavelot (1), et, à Saint-Trond, les évêques de Metz défendirent les religieux contre l'ambition des princes séculiers.

Albéron III semble le premier s'être déchargé de cette mission en faveur de son frère Frédéric, duc de Basse-Lotharingie, car, avant celui-ci, nous ne trouvons pas trace d'avoués supérieurs à Saint-Trond.

En 1059, Frédéric ne prend pas le nom d'avoué (2), tandis qu'en 1060, il est désigné sous ce titre (3). D'autre part, Otton de Duras, témoin à ces deux actes, apparaît comme avoué dans le premier, et comme sous-avoué dans le second. Le troisième continuateur de la *Chronique*, qui écrivait au XIVe siècle, signale, en rappelant ces faits, la présence de l'avoué Frédéric, en 1060, à la confirmation du don de *grute* fait par l'abbé Thierry de Metz en 1048, sans l'intervention du duc. Il ajoute que celui-ci fut revêtu l'année précédente, en 1059, de l'avouerie de la ville de Saint-Trond, dont il se démit en faveur du comte Otton de Duras (4). Si, à côté de ces témoignages, on veut

même temps, et l'empereur étant en Italie, l'abbaye de Saint-Trond fut victime de l'ambition des seigneurs : « Sicque factum est ut quisque terrae nostrae potentium quantum vellet usurparet sibi quae suis adjacebant vel interjacebant partibus ». *Gesta abb. trudon.*, *Gesta Rodulfi*, l. IV, no 10.

(1) DOM MARTÈNE, *Voyage littéraire*, t. II, p. 161 : « ab initio abbatiam Stabulensem advocatos non habuisse, sed immediate sub protectione et mundiburdio regum atque imperatorum fuisse certum est ».

(2) Cession, par le duc Frédéric, de Stayen au couvent de Saint-Trond : Cfr. *Cartulaire de Saint-Trond*, t. I, p. 19 ; *Gesta abbatum trudonens.*, *Gesta Rodulfi*, l. I. no 12.

(3) Confirmation du don de *grute* par l'évêque de Metz. Cfr. *Cartulaire de Saint-Trond*, t. I, p. 21.

(4) An. 1060. Confirmation du don de *grute*, en présence de « Theoderico (lisez Frederico) advocato hujus oppidi, et Ottone comite Durachii subadvocato ». « *Ante hunc annum*, continue le chroniqueur, Theodericus (lisez Fredericus) prefatus, dux Lotharingie, constituitur advocatus hujus oppidi, qui Ottonem comitem Durachii, fratrem Emmonis comitis de Los, sibi substituit ». Cfr. *Gesta abbatum trudonens.*, contin 3a, pars I, l. II, no 22 ; MANTELIUS, *Histor. lossens.*, pp. 56, 57, 80 ; *Cartulaire de Saint-Trond*, Introduction, p. XVII ; DEMAL, *L'Avouerie de Saint-Trond*, p. 15-16.

bien remarquer que l'évêque Albéron III dit qu'il a donné et
non confirmé le fief de l'avouerie au duc de Lothier, on
pourra convenir sans peine que Frédéric fut le premier
avoué supérieur de Saint-Trond (1). Ce dernier était duc
avant qu'Albéron ne fût évêque ; si l'avouerie de Saint-
Trond eût été attachée à la maison de Lothier, celui-ci
n'aurait pu que confirmer son frère dans la charge de
protecteur. Tout porte à croire que le don de cette avouerie
fut personnel, et dû aux liens du sang qui unissaient le
seigneur temporel de Saint-Trond au duc. Ce qui nous
autorise à émettre cette opinion, c'est que l'avouerie depuis
longtemps héréditaire, serait restée, après comme avant
Frédéric, un apanage des ducs de Lotharingie, tandis que
nous la voyons passer aux mains de Waleran-Udon de
Limbourg, son gendre.

Quant à l'avis donné par les anciens et les échevins sur
les droits attachés antérieurement à l'avouerie, il n'implique
pas l'existence ancienne de l'avouerie supérieure. Ces droits
concernaient l'avouerie en général, et revenaient aussi bien
aux comtes de Duras, avoués du monastère, qu'au duc de
Lothier, avoué de la ville de Saint-Trond et des autres
dépendances directes que possédait l'église de Metz dans
notre pays. La prééminence de Frédéric n'a rien non plus
qui doive étonner, car, en se débarrassant de l'avouerie, il
n'abandonnait ni son titre ni ses avantages, et le comte de
Duras fut naturellement le sous-avoué, le vassal du grand
feudataire qu'était le duc de Lotharingie. La haute avouerie
conserva toujours ce caractère de protection, et c'est comme
suzerains pour le domaine de Duras et l'avouerie, que les
comtes et ducs de Limbourg, et après eux les ducs de
Brabant, surent maintenir les avoués dans leurs devoirs et
assurer au monastère une sécurité bienfaisante.

---

(1) An. 1065. « quam (advocatiam) eidem fratri meo dederam in beneficio... » Cfr. *Pièces justificatives*, I. — Cette charte de 1065. dit Henri III
de Limbourg en 1176, nostra *ab initio* jura contineret » Cfr. *Ibidem*, IV.—
Cfr. une opinion contraire dans HANSAY, *Étude sur la formation et
l'organisation économique du domaine de Saint-Trond*, pp. 110 112.

L'avouerie supérieure est donc une suite de la suprématie politique, soit que, comme à Gembloux, l'avoué, puissant seigneur, cède sa charge en fief à des vassaux pour favoriser ses créatures ou se défaire d'une mission importune, soit que, comme à Saint-Trond, il ait été investi d'une sorte de droit de contrôle sur les avoués existant avant lui.

C'est dans cette seconde catégorie d'avoués, représentée à Saint-Trond par les seigneurs de Duras, que nous trouverons l'expression la plus complète de l'institution qui nous occupe. Nous avons vu précédemment les comtes de Duras défendre le monastère et ses biens, réprimer les émeutes, exercer la haute justice, soutenir l'abbé dans ses revendications ; en un mot, c'est en eux que se réalise véritablement la charge de l'avoué. Celle-ci resta jusqu'à son extinction attachée à la seigneurie de Duras, voisine du monastère, et c'est comme comtes de Duras que les avoués, qu'ils fussent comtes de Looz ou évêques de Liège, la tenaient en fief des avoués supérieurs.

Les *minores advocati* dont parle la charte de Henri III, comte de Limbourg, ne semblent pas antérieurs au XIIe siècle. De 1160 à 1166, les seigneurs de Velpen sont avoués de Webbecom et de Haelen (1) ; au XIIIe siècle, le chevalier Rodolphe est avoué de Pommern ; à Oreye, ce sont les chevaliers de Gothem ; à Spalbeek, les chevaliers de Veldeke ; à Stayen, Chrétien ; à Schaffen les seigneurs de Diest ; à Seny, les seigneurs de Durbuy ; à Villers-le-Peuplier, ce sont les seigneurs des environs : Baudouin de Thorenbus, puis maître Daniel, qui fut dépouillé par le duc de Brabant Henri III (2) ; à Helchteren, le comte de Looz est avoué avec les seigneurs de Buycht, puis avec Eustache de Hamal avant 1282 (3). Comme on peut le constater, on ne ren-

(1) *Cartulaire de Saint-Trond*, t. I, pp. 95, 111, 130
(2) *Le Livre de l'abbé Guillaume*, respectivement aux passages suivants : pp. 81-82 ; 50-51 ; 34-35 ; 196-197 ; 208-209 ; 214-226. — A Oreye, le comte de Duras avait un sous-avoué plus tôt. Cfr. *Lettre de Rodolphe à Étienne*, év. de Metz. 1108-1138. Cfr. *Gesta abb. trud., Gesta Rodulfi, contin. Iª*, ad finem.
(3) an. 1256 ; *Le Livre de l'abbé Guillaume*, p. 415 ; an. 1261, *Pièces just.*, VI ; an. 1282, *Cartulaire de Saint-Trond*, t. I, pp. 356, 357, 382.

contre ces avoués que dans les localités importantes, où ils assistent l'abbé aux plaids extraordinaires. Il ne peut y en avoir qu'un par district soumis à une même cour échevinale (1), et celui-là ne paraît pas participer aux plaids généraux ni à la justice criminelle, car ses droits ne consistent qu'en la jouissance d'un petit fief et en redevances minimes.

Ils appartiennent à cette petite noblesse qui doit sa naissance pour une bonne part aux nombreuses guerres que se faisaient les magnats, et où les chevaliers acquirent une importance relative. Comment furent-ils revêtus de l'avouerie des localités où ils avaient des terres? Les causes de ce phénomène sont de plusieurs espèces. L'accroissement de la population et la fixité du droit groupèrent les dépendances des églises en districts ressortissant chacun d'une cour échevinale. D'autre part, à mesure que les fonctions de l'avoué réclamaient un soin plus assidu et constant, il se désintéressait de ses devoirs, entraîné par le tourbillon de la vie seigneuriale, toute de fêtes et de combats. C'est pourquoi il distribua sa charge aux chevaliers, en se faisant représenter par eux auprès des tribunaux locaux. Son but, en cela, était d'abdiquer une mission gênante, ainsi que de s'attacher les hommes d'armes ou de les récompenser de leurs bons et loyaux services. Aussi ces avoués, qu'on peut à bon droit appeler locaux, sont-ils vassaux des comtes de Duras, et des comtes de Looz (2). A côté d'eux viennent se ranger les donateurs qui se sont réservé l'avouerie des terres qu'ils abandonnaient au monastère (3). Enfin, nous

---

(1) Il ne peut y avoir plusieurs avoués « in curtibus abbatiae », an. 1137, diplôme de Lothaire III pour Stavelot. *Recueil des Ordonnances de Stavelot*, p. 20.

(2) *Le Livre de l'abbé Guillaume*, pp. 218-219 ; 225, 315 ; « Wilhelmus de Gothem relevavit advocatiam jacentem in Urle (Oreye) supra quandam curiam mansionariorum domini abbatis Sancti Trudonis feudi Lossensis per obitum Wilhelmi de Gothem, quondam sui patris ». *Institut archéol. liégeois*, t. IX, p. 47. — L'avoué de Seny était vassal de l'abbé : *Le Livre de l'abbé Guillaume*, p. 214.

(3) Ricza de Becquevoort et le comte de Duras. *Cartulaire de Saint-Trond*, t. I, pp. 63, 68.

devons signaler les princes qui, comme les ducs de Brabant et les comtes de Looz, étaient avoués particuliers des biens enclavés dans leurs propres domaines (1).

Nous devons une mention particulière aux avoués de la ville de Saint-Trond, à ceux d'Aalburg en Hollande, et de Briedel, au cercle de Zell, en Prusse.

La ville de Saint-Trond dépendait par moitié de l'abbé du monastère et des évêques de Metz jusqu'en 1227, puis de ceux de Liége. Aussi les avoués supérieurs et les avoués de l'abbaye sont-ils quelquefois désignés sous le nom d'avoués de la ville, surtout quand ils interviennent spécialement dans les affaires de celle-ci (2). C'est pour cette raison que, après l'émeute de 1303, les échevins déclarèrent que la justice appartenait à l'avoué Arnould de Looz (3). Quelque temps après, en 1317, il y eut de nouvelles dissensions, et le chapitre de Saint-Lambert à Liége pria Arnould V, comte de Looz, de veiller à l'administration de la justice dans la ville, parce que le prince-évêque négligeait de le faire (4); cette mesure fut reprise en 1326 par le duc Jean III de Brabant (5). Enfin, en 1331, par un traité d'alliance conclu avec les habitants de Saint-Trond, Louis IV de Looz promit de les traiter en bon avoué; de leur côté, les bourgeois s'engagèrent à l'aider dans le maintien de ses droits d'avouerie (6).

Il y eut aussi des avoués particuliers, car, en 1221 ou

(1) L'avoué de Ruremonde, *Ibid.*, p. 214; Le duc de Brabant, *Ibid.*, p. 338; Les comtes de Looz, *Ibid.*, p. 333, 392; WOLTERS, *Codex dipl. lossensis*, p. 170; *Gesta abb. trudon, contin.* 3ª, pars 4, *Gesta Wilhelmi*, n° 12; *Le Livre de l'abbé Guillaume*, passim; Les ducs de Brabant, WOLTERS, *Ibid*, pp. 73 170; *Le Livre de l'abbé Guillaume*, passim.

(2) *Gesta abb. trudon., contin.* 2ª ,l. 1, *Gesta Folcardi*, n° 3; *contin.* 3ª, pars 2ª, l. 1, n° 22, et *passim*.

(3) WOLTERS, *Codex dipl. loss.*; DARIS, *Histoire de Looz*, t. I, p. 513.

(4) DARIS, *Ibid.* p. 520.

(5) *Cartulaire de Saint-Trond*, t. I, p. 462; WOLTERS, *Ibid.* p. 247. *Gesta abb. trud., contin.* 3ª, *Gesta Adami.*

(6) " Lowis, cuens de Louz et de Chingni, avoweis delle ville de Saintron······ *Recueil des Ordonnances de la principauté de Liége*, 1ʳᵉ série, p. 21ï. DARIS, *Ibid.*, p. 530.

1222, les bourgeois de Saint-Trond firent confirmer par
le duc Henri I de Brabant, leurs privilèges que violaient les
avoués ; cette charte fut renouvelée en 1245 par Conrad III,
roi des Romains (1). Dans la première moitié du XIII° siècle,
la ville eut plusieurs avoués du nom de Chrétien (2), et au
commencement du siècle suivant, nous voyons le sous-avoué
avec l'abbé, le comte de Looz et les écoutètes, protéger les
échevins menacés par les communiers (3). L'avoué avait une
maison sur la place du marché (4).

Le monastère de Saint-Trond avait acquis la terre d'Aalburg, en Hollande, et ses dépendances, mais il se la vit
ravir par Conrad, évêque d'Utrecht. Cependant, en 1108, le
successeur de celui-ci, Bouchárd, la restitua à l'abbé
Rodolphe et à son avoué, le comte Florent II de Hollande (5).
En 1250, Guillaume, roi des Romains et comte de Hollande,
donna cette avouerie en fief à l'abbé de Saint-Trond (6), dont
un des successeurs, l'abbé Robert, la releva encore en 1353
du comte Guillaume V (7). Piot (8) dit que les comtes de
Hollande sont avoués de l'église d'Aalburg et non du monastère de Saint-Trond. S'il en est ainsi, pourquoi l'évêque
d'Utrecht a-t-il pris un autre avoué avant 1108, comme l'atteste
l'acte invoqué ci-dessus, et pourquoi Florent y est-il désigné

---

(1) *Cartulaire de Saint-Trond*, t. l, p. 177; BÒHMER, *Actu imperii
selecta*, t. I, n° 482, p. 403, 1880.

(2) an. 1209, MIRAEUS et FOPPENS, *Opera diplomatica*, t. IV, p. 536 ;
an. 1227-1253, *Cartulaire de Saint-Trond*,t. I, pp. 186, 194, 203, 210, 212, 258 ;
an. 1232 et 1250, WOLTERS, *Codex dipl. loss.*, pp. 109, 126 ; an. 1250-1254,
date de sa mort, *Le Livre de l'abbé Guillaume*, pp. 179, 181, 186, 187,
195-196, 350, 360, 370 ; an. 1256, un autre « Christianus advocatus »,
Ibidem, p. 340 ; — en 1242, Conon de Heere est avoué de Saint-Trond,
KEMPENEERS, *L'ancienne franchise et l'illustre famille des vicomtes de
Montenaken*, p. 20, Extrait du t. XII des *Mémoires couronnes et autres
Mémoires de l'Académie de Belgique*, 1859.

(3) *Gesta abb. trudon.*, contin. 3ᵃ, pars IV, 1. 2. *Gesta Ade*, n° 3.

(4) *Le Livre de l'abbé Guillaume*, p. 214.

(5) *Cartulaire de Saint-Trond*, t. I, p. 34 ; *Gesta abb. trudon.*, *Gesta
Rodulfi*, 1. 9, nᵒˢ 3, 17.

(6) *Cartulaire de Saint-Trond*, t. I, pp. 250, 251, 237, 281 ; *Le Livre de
l'abbé Guillaume*, p. 348.

(7) *Gesta abb. trudon.*, Contin. 3ᵃ, pars VI, 1. 2, *Gesta Roberti*, n° 3.

(8) *Cartulaire de Saint-Trond, Introduction* p. XIX.

comme l'avoué de l'abbé de Saint-Trond, « advocato suo » ?
Pourquoi ailleurs le chroniqueur Rodolphe le nomme-t-il
« advocati nostri » ? D'où vient encore que l'abbé Guillaume
de Ryckel donne ce même vocable « advocatus noster » à
Thierry (1254-1263), avoué sous les comtes de Hollande (1)?
La difficulté pour Piot est la cession qu'ont faite ces derniers
de l'avouerie d'Aalburg aux abbés du monastère. Pourtant,
la chose est possible, car ils ne tenaient pas leur charge en
fief des abbés, pas plus que les ducs de Limbourg ou les
comtes de Duras. L'abbaye racheta, en 1282, l'avouerie
de Helchteren à Eustache de Hamal et au comte de Looz,
et c'est de celui-ci que l'abbé la tint en fief par la suite.
S'ensuit-il pour cela que les comtes de Looz n'aient jamais
été avoués du couvent de Saint-Trond à Helchteren ? (2).

Briedel appartenait au monastère de Saint-Trond, à qui.
elle avait été donnée en 959. Cette localité était cependant
soumise à la juridiction de l'archevêque de Trêves. L'acte de
donation fut approuvé par l'avoué Werinerus qui, comme
nous l'avons dit précédemment, est probablement Werner,
comte de Hesbaye. Dans la suite, Briedel eut des avoués
locaux. En effet, en 1154, l'archidiacre de Trêves revêtit
de son consentement la renonciation de l'avoué aux trois
plaids ordinaires et aux droits particuliers ; la même année,
il régla encore la perception des dîmes en cet endroit, en
présence des deux avoués, dont l'un, Nicolas, est avoué de
la localité, et l'autre Udon, de la cour échevinale (3). Enfin,
en 1171, Arnould, archevêque de Trêves, déclara cette terre
libre de toute avouerie contre le comte de Salm Henri II et
un autre seigneur portant le titre de *dincvogt* (4).

Briedel et Pommern furent vendus par le couvent de
Saint-Trond à l'abbaye de Himmerode en 1265 (5).

(1) *Le Livre de l'abbé Guillaume*, pp. 165, 166.
(2) *Cartulaire de Saint-Trond*, t. I, p. 362. — Cfr. la même opinion
dans HANSAY, *Étude sur la formation et l'organisation économique du
domaine de Saint-Trond*, p. 115.
(3) *Cartulaire de Saint-Trond*, t. I, pp. 85 88.
(4) *Ibid.*, p. 120. — Cfr. LAMPRECHT, *op. cit.*, t. I², p. 1091, n. 5 et p. 1092, n. 4.
(5) *Cartulaire de Saint-Trond*, t. I, p. 313.

CHAPITRE VI.

Les inconvénients de l'avouerie.

Pour qu'elle portât tous les fruits qu'on était en droit d'en attendre, l'avouerie aurait dû conserver son caractère primitif de délégation maintenue dans de justes limites par le contrôle des rois et la vigilance des propriétaires ecclésiastiques. Mais l'hérédité de leurs fonctions et de leurs droits, véritables attributs de la seigneurie, porta à la longue les avoués à considérer les terres soumises à leur garde et à leur juridiction comme une annexe à leurs propres domaines. Cette institution protectrice devint ainsi un instrument de domination aux mains de seigneurs ambitieux, et décidés à profiter des circonstances favorables à leur émancipation et à l'extension de leurs pouvoirs.

L'hérédité, qui était la conséquence inévitable de l'attribution de la défense d'un domaine ecclésiastique à un seigneur voisin (1), attacha l'avouerie à la fortune politique du titulaire et l'entraîna dans la féodalité. Celle-ci lui ôta son caractère d'institution privée, pour lui donner l'aspect d'un bénéfice qu'on ne distingua plus guère du fief auquel le liait sa destinée. Les avoués disposèrent librement de leur charge, et la distribuèrent selon la mode féodale (2) : il y eut des avoués supérieurs, des avoués et des sous-avoués. Ainsi transformée, l'avouerie devint le jouet des combinaisons et

(1) Cfr. ci-dessus, p. 18.
(2) Cfr. ci-dessus, pp. 60 et suiv.

des passions politiques. Elle put être donnée en dot, vendue, et, dans les nombreuses guerres où l'humeur batailleuse des seigneurs les entraînait, elle fut souvent la rançon du vaincu ou du félon et la récompense du vassal fidèle.

La sécularisation de l'avouerie, si je puis ainsi dire, n'éprouva qu'une opposition intermittente de la part du roi et du propriétaire ecclésiastique, gardiens naturels de l'institution ; ils en furent même parfois les artisans inconscients. La faiblesse des souverains devant l'aristocratie est suffisamment connue, et la fréquence des diplômes où ils répriment les abus des avoués prouvent que leurs décrets étaient assez souvent lettre morte ; d'ailleurs, l'appui que leur donnaient les grands en soutenant leur politique devait les porter à l'indulgence. D'autre part, nous avons dit (1) comment, après les troubles du IXe siècle et les invasions normandes, les églises avaient été forcées d'abdiquer, au moins en partie, leur indépendance en faveur des avoués. Ceux-ci, en certains endroits, confisquèrent la souveraineté des domaines ecclésiastiques et furent les abbés-laïques de monastères, comme cela eut lieu à Stavelot (2) et à Sainte-Waudru à Mons (3). Enfin, la simonie permit aux avoués de placer à la tête des abbayes des créatures dociles, dont la complaisance pour leurs excès était assurée d'avance. Les compétitions sanglantes pour l'abbatiat de Saint-Trond, dans les premières années du XIIe siècle, furent au plus haut point funestes pour les malheureux habitants du territoire de cette communauté.

Un aperçu des vicissitudes de l'avouerie du monastère de

(1) Cfr. ci-dessus, p. 60. — Pour prouver que les grands avoués avaient assujetti les domaines ecclésiastiques à leur puissance, WAITZ cite, entre autres exemples, celui de l'abbaye de Saint-Trond, que l'avoué Fréderic tenait, dit il, en bénéfice des évêques de Metz. Cette erreur provient de ce que, après CALMET, il a lu, dans la charte d'Albéron III de 1035, *abbatiam* au lieu de *advocatiam. Op. cit.*, t.VII, p. 344 (n. 6) et suiv.. POULLET, *Histoire politique nationale*, t. I, nos 493-495.
(2) SAINT-GENOIS, *Avoueries*, p. 104.
(3) E. MATTHIEU, *L'Avouerie de Mons*, Anvers, 1886, p. 10 (Extrait des *Annales de l'Académie d'Archéologie de Belgique*, 1885).

Saint-Trond montrera plus clairement les tristes résultats qu'entraînait l'indépendance absolue des avoués dans la possession de leur charge.

L'avouerie suprême passa de Frédéric, duc de Lotharingie, dans la maison de Limbourg, par le mariage de la fille de Frédéric avec Waleran-Udon, comte de Limbourg. Un des successeurs de Waleran-Udon, le duc Henri I de Limbourg, voulut, vers l'an 1100, mettre à la tête de l'abbaye le simoniaque Herman, malgré la vive opposition des moines soutenus par l'avoué Gislebert de Duras (1). L'abbé Thierry, craignant la violence de l'avoué supérieur, s'était réfugié près du comte de Duras. Le duc de Limbourg profita de ce départ pour introduire de force dans le couvent son protégé, qu'il installa dans la cellule abbatiale. La conduite de ce seigneur fut si révoltante que les habitants, au retour de l'abbé Thierry, rentré pendant une absence de son ennemi, voulaient aller en armes arracher l'intrus de sa cellule.

Henri fut tellement irrité de la résistance de l'avoué Gislebert, qu'il essaya de le dépouiller de son avouerie en l'accusant de félonie. Même après s'être laissé acheter la paix par Thierry, il refusait de recevoir son vassal en grâce. Il finit pourtant par céder, selon le témoignage du chroniqueur Rodolphe présent à la réconciliation. Au cours de ces dissensions, l'abbé fut obligé d'implorer le secours du comte Godefroid de Louvain, qui marcha sur Saint-Trond, en 1101, avec le comte de Duras. Plus tard, le désaccord surgit entre l'abbé et l'avoué Gislebert. Celui-ci réclamait vingt-quatre marcs d'argent pour la somme, avec les intérêts, qu'il avait dû

---

(1) Déjà auparavant, Godefroid de Bouillon avait pu introduire Herman à l'abbaye. En 1093, l'empereur Henri IV, pour se venger de Poppon, évêque de Metz, donna en bénéfice au comte de Looz, les possessions des évêques de Metz à Saint-Trond. Henri I de Limbourg, haut avoué, pénétra dans la ville, installa de nouveau l'abbé Herman, et usa de représailles contre le comte de Looz en dévastant les environs. *Gesta abb. trud., Gesta Rodulfi,* l. V, nos 1, 4. Cfr. A. CAUCHIE, *La Querelle des Investitures dans les diocèses de Liége et de Cambrai,* t. I, p. 59 et suiv., t. II, p. 100 et suiv..

donner, disait-il, au comte de Louvain pour obtenir son appui ; de son côté, l'abbé prétendait n'avoir promis que cinq marcs, déjà payés, du reste. Cette contestation eut pour résultat le passage de Gislebert dans le parti du prétendant Herman et de Henri de Limbourg. Grâce à cette coalition, Herman obtint la succession de l'abbé Thierry après la mort de celui-ci. Mais son triomphe fut de courte durée. Expulsé du monastère lors du passage à Saint-Trond de l'empereur Henri V qui se rendait en Flandre, il fut condamné à la cour impériale tenue à Liége en 1107, et, excommunié par l'évêque Otbert, il dut renoncer à ses prétentions. Henri de Limbourg abandonna le projet de lui donner l'abbatiat, non sans avoir auparavant usé de terribles représailles. Furieux de ce qu'on avait chassé son protégé, l'irascible duc proféra des menaces violentes contre le monastère, et tous les hommes dépendant de l'abbaye dont il put s'emparer furent livrés aux plus cruels tourments. Les uns furent pendus, les autres eurent les yeux arrachés, le nez, les mains, les pieds coupés ; en un mot, aucune atrocité ne fut épargnée (1).

L'animosité de Henri de Limbourg avait été d'autant plus vive, qu'il voyait ses projets contrecarrés par Henri V, contre lequel il avait combattu pour la défense du vieil empereur Henri IV, et qui venait de lui retirer le titre de duc de Lotharingie pour en revêtir Godefroid de Louvain.

Cette mesure provoqua une guerre entre ces princes, et la ville de Saint-Trond fut prise et livrée au pillage en 1106 (2). L'attaque dirigée contre cette même ville en 1114 par le duc Godefroid de Louvain semble être encore un effet lointain de la lutte entre le père et le fils pour l'empire. Repoussé trois fois par les habitants, le duc incendia la ville et ravagea les environs (3). Quelques années plus tard, en 1119-1120,

---

(1) *Gesta abbatum trudonensium, Gesta Rodulfi,* l. VI, nᵒˢ 6 à 20 ; — DEMAL, *L'Avouerie de Saint-Trond,* pp. 27-40.

(2) *Gesta abb. trud., Continuatio* 2ᵃ, l. I, nᵒ 3 ; MANTELIUS, *Hist. loss.,* p. 62.

(³) *Gesta abb. trud., Gesta Rodulfi,* l. X, nᵒ 16.

la rivalité entre Frédéric et Alexandre pour le trône épiscopal
de Liége amena une conflagration générale dans la principauté. L'abbé Rodolphe de Saint-Trond et l'avoué supérieur
Waleran de Limbourg étaient du parti de Frédéric, tandis
que Gislebert de Duras embrassait la cause d'Alexandre.

Des bandes guerrières ravagèrent plus d'une fois le territoire du monastère, et même le duc de Louvain et le comte
de Duras s'emparèrent des enclaves que les moines possédaient dans leurs domaines pour les distribuer à leurs
chevaliers (1).

Les habitants de Saint-Trond, qui avaient suivi Gislebert
de Duras dans cette guerre, furent enveloppés dans la
sentence d'excommunication lancée contre Alexandre et ses
partisans, et la ville fut mise en interdit. C'est pourquoi
l'abbé Rodolphe dut refuser les secours de la religion à une
personne mourante. Les parents de celle-ci récriminèrent
violemment contre Gislebert, cause de tout le mal. Alors
l'avoué essaya d'ameuter le peuple au son de la cloche, le
10 avril 1121, qui était le lundi de Pâques, menaça
la ville et le monastère et provoqua la fuite de l'abbé
Rodolphe, dont l'absence dura deux ans (1121-1123) (2).
Déjà auparavant, en 1114, l'abbé avait dû prendre le chemin
de l'exil pour échapper aux poursuites haineuses de l'avoué
et de sa femme Gertrude (3). En 1128, l'évêque Étienne de
Metz condamna Gislebert à la perte de son avouerie, à
cause de ses excès ; de son côté, l'évêque de Liége Alexandre
le traduisit devant un conseil de pairs qui le destitua de
son comté de Duras (4). Pour se venger, Gislebert attira
dans son parti Godefroid de Louvain, qui fut heureux, sans
doute, d'avoir une occasion de nuire au duc Waleran de

---

(1) *Gesta abb. trud.*, *Gesta Rodulfi*, l. X, n° 6.
(2) *Ibidem*, l. XI, n⁰ˢ 10, 11.
(3) *Ibidem*, l. X, n°ˢ 11,12.
(4) *Ibidem*, l. XII, n° 7 ; MANTELIUS, *op cit.*, p. 66 ; ERNST, *Histoire du
Limbourg*, t III, p. 24 ; DARIS, *Histoire de Looz*, t. I, p. 406 ; DEMAL,
L'Avouerie de Saint-Trond, p. 41.

-Limbourg, en faveur de qui l'empereur Lothaire l'avait dépouillé du titre de duc de Lotharingie. Les deux alliés soulevèrent tous les seigneurs voisins et ravagèrent les biens des religieux, ne laissant intacts que la ville et le couvent, qu'ils menaçaient encore. Assoiffés de vengeance, ils anéantirent les villas, les fermes, les églises ; ils s'emparaient des manants, et, sans égard pour le sexe ni l'âge, ils les torturaient jusqu'à la mort (1).

Les évêques de Liége et de Metz s'unirent à l'avoué supérieur Waleran de Limbourg et assiégèrent les ennemis dans le château de Duras après leur avoir infligé une sanglante défaite. Gislebert fut forcé de se soumettre, mais le comte de Louvain incendia le couvent de Saint-Trond (2). L'entente ne fut pas longue entre les comtes de Louvain et de Duras, car un conflit éclata entre eux en 1136. Bien que la paix fût conclue avant l'ouverture des hostilités, les soldats ravagèrent les propriétés du monastère (3).

Provoqué par Henri II de Limbourg, mécontent de ce qu'il n'avait pas le duché de Lothier, le duc Godefroid le Barbu vint, en 1140, mettre le siège devant Saint-Trond (4). Cette ville dut encore soutenir, du mois d'août au mois de novembre 1142, un siège du comte Otton de Duras, offensé de ce que les habitants avaient conclu un traité de paix avec l'évêque de Liège sans le consulter, alors que son consentement comme avoué était indispensable. L'intervention du duc de Brabant et du comte de Namur mit fin au conflit, mais le traité fut cassé (5).

La rivalité qui existait entre Brusthem et Saint-Trond, et la prétention des comtes de Looz d'élever une forteresse dans la première de ces villes, furent l'occasion d'une guerre entre les seigneurs de Looz et de Duras. Cette querelle

---

(1) *Gesta abb. trudon.*, *Gesta Rodulfi*, l. XII, nos 7, 8.
(2) *Ibidem.*
(3) *Ibidem*, no 14.
(4) *Gesta abb. trudon.*, *Continuatio* 2a, l. I, *Gesta Folcardi*. no 3
(5) *Ibidem*, nos 7, 8.

··dura vingt ans. Les milices de l'abbaye prirent énergiquement le parti du comte de Duras, leur avoué, qui protestait
contre les empiètements injustes du comte de Looz. En
effet, celui-ci, en dépit des lois et des coutumes, avait
fortifié Brusthem, qui était une enclave de son comté dans
le domaine de Duras.

Chacun des deux adversaires ravageait les propriétés de
l'autre. En 1160, Godefroid de Duras rasa Brusthem et ses
dépendances. De son côté, le comte de Looz profita de la
minorité de Gilles de Duras pour relever sa forteresse;
mais, battu en 1171, il se retira en dévastant les terres de
l'abbaye. A son tour, le comte de Duras se livra à des
déprédations sur le territoire du jeune seigneur de Looz,
qui répondait par des incursions désastreuses sur le domaine
de Saint-Trond. Ce différend, qui épuisait les deux ennemis
et ruinait les habitants du pays, fut enfin porté en 1180
devant la cour impériale, et le comte de Looz s'engagea à
ne plus fortifier Brusthem, et à ne plus creuser de fossés
sur les terres de l'abbaye (1).

Pendant que se déroulaient ces graves évènements où
l'avouerie était entraînée par ses titulaires au grand dam de
la paix et de la prospérité du territoire de Saint-Trond, la
·haute avouerie était l'objet de marchandages politiques
entre les maisons de Limbourg et de Brabant. Lors du
mariage de sa fille Marguerite avec Godefroid III, duc de
Brabant, Henri II de Limbourg lui donna en dot·un alleu
considérable et la haute avouerie de Saint-Trond (2).

Dans la suite, en 1191, une convention intervint entre
·Henri de Limbourg et le duc de Brabant. Le premier
reconnut que l'avouerie avait été donnée en dot à la mère du
·duc Henri I de Lothier et de Brabant, sans le consentement
duquel cette dignité ne pouvait plus être aliénée, d'après
une décision de la cour épiscopale de Metz. En conséquence,

(1) *Gesta abb. trudon.*, *Continuatio* 2ª. l. III, *Gesta Wirici*, ɪ.° 9; l. IV,
nᵒˢ 16 et suivants. DARIS, *Histoire de Looz*, t. I, p. 425.
(2) ERNST, *Histoire du Limbourg*, t. III, p. 112.

le duc de Limbourg la résigna entre les mains de l'évêque de Metz, de qui il la tenait, et dont Henri de Brabant la reçut en fief; c'est alors que celui-ci la concéda en bénéfice à Henri de Limbourg, lequel ne pouvait plus en disposer sans le consentement de son suzerain (1).

Vers le même temps, Henri III de Limbourg dépouilla Conon de Duras de l'avouerie, dont celui-ci ne voulait pas lui faire hommage, pour la donner à Gérard de Looz. Conon, qui était sans postérité, avait peu auparavant laissé par testament son comté de Duras et l'avouerie à l'église de Saint-Lambert à Liége; aussi s'empressa-t-il de vendre tous ses droits au duc de Brabant.

Cette compétition donna naissance à un conflit qui fut tranché, en 1190, par Philippe, archevêque de Cologne : le comte de Looz dut payer huit cents marcs au duc pour conserver l'avouerie (2). La mort de Conon de Duras fit passer l'avouerie de Saint-Trond, avec la seigneurie de Duras, dans la maison de Looz. Mais déjà en 1203, le comte de Looz fut destitué momentanément. En effet, le prince évêque de Metz lui reprit l'avouerie et en investit le duc de Brabant, probablement parce que le comte de Looz était du parti d'Otton, candidat à l'empire, tandis que le prélat soutenait Philippe de Souabe. La guerre éclata entre le comte de Looz, appuyé par Hugues de Pierrepont, évêque de Liége, et les habitants de Saint-Trond, d'une part, et le duc de Brabant, d'autre part (3); il y eut même une convention passée entre le comte de Looz et l'évêque de Liége (4).

L'avouerie de Saint-Trond resta dévolue à la maison de Looz jusqu'à l'extinction de celle-ci. Elle vint alors, non sans grandes difficultés, au pouvoir du chapitre de Saint-

(1) Voir l'acte dans ERNST, *Ibidem*, t. VI, p. 162..

(2) *Gesta abbatum trudon.. continuatio* 3ᵃ, pars 4, l. I, *Gesta Nicholaii*, nº 2 ; *Cartulaire de Saint-Trond*, t. l, p. 150 ; WOLTERS, *Codex diplom. loss.*, p. 62; MANTELIUS, *Histor. loss.*, pp. 82, 134; DARIS, *Histoire de Looz*, t. I, pp. 427-428 ; ERNST, *Histoire du Limbourg*, t. III, p. 177-178.

(3) DARIS, *Op. cit.*, t. I, p. 436.

(4) MIRAEUS et FOPPENS, *Opera diplomatica*, t. IV, p. 388.

Lambert à Liége. En 1360, mourut Thierry de Heinsberg, dernier comte de Looz, qui avait institué les princes évêques de Liége ses héritiers. Mais Arnould de Rummen disputa le comté de Looz au prince-évêque devant la cour impériale. Charles IV se prononça en faveur d'Arnould, qui fut en outre investi de l'avouerie de Saint-Trond. Arnould mourut bientôt à Liége, et son testament, qui réunissait le comté de Looz à la principauté, fut approuvé par le prince-évêque (1). Les tentatives des seigneurs de Heinsberg, puis de ceux de Dalenbroek, qui se prétendaient héritiers du comté, engendrèrent une guerre à laquelle mit fin la prise du château de Rummen par l'évêque de Liége, en 1365. Pourtant, on peut dire que le comté de Looz appartenait déjà aux prélats liégeois avant cette époque, car, en 1363, l'évêque Englebert de la Marck releva le comté avec l'avouerie de Saint-Trond du duc de Brabant (2).

Toutes ces guerres, soit qu'elles eussent l'avouerie pour objet, soit que celle-ci y fût mêlée indirectement, furent extrêmement désastreuses pour le monastère. La ville et le couvent furent détruits plusieurs fois en moins d'un demi-siècle, de 1085 à 1130 (3); les biens des moines étaient ravagés à toute occasion, et même confisqués par de puissants voisins, et, vers 1106, on fut contraint de vendre un calice et une patène en or, la forêt de Kerkom et d'autres possessions (4).

Non contents d'attirer la ruine sur le domaine monastique, les avoués, par leurs procedés tyranniques, semèrent la perturbation jusque dans le cloître. Ils intervinrent dans les

---

(1) DARIS, *Histoire de Looz*, t. I, pp. 558, 562. Ce long conflit est rapporté dans *Gesta abbatum trudon.*, *continuatio* 3ª, pars IV, *Gesta Amelii* à *Gesta Roberti*, nᵒ 12.

(2) DE BORMAN, *Histoire du château de Colmont*, dans le *Bulletin de l'Institut archéologique liégeois*, t. V (1862), p. 117-118.

(3) *Gesta abbatum trudonensium*, *Gesta Rodulfi*, l. II, nᵒ 13; l. III, nᵒ 6; l. X, nᵒ 15; l. XII, nᵒˢ 8, 14.

(4) *Gesta abb. trudon.*, *Gesta Rodulfi*, l. VI, nᵒˢ 9 à 20; DEMAL, *L'Avouerie de Saint-Trond*, p. 40.

luttes pour la dignité d'abbé à la fin du xie siècle, et l'on
dit que l'abbé Lupon, vers 1092, était toujours en éveil
pour résister à leurs violences (1). Les successeurs de celui-ci
furent aussi en butte à leurs manœuvres despotiques.

L'appui violent qu'ils donnèrent aux intrigues d'Herman,
terrorisait les moines et força l'abbé Thierry à chercher son
salut dans la fuite. Le comte de Duras s'opposa à l'élection
de Rodolphe, protesta contre celle de Folcard, et le choix
de l'abbé Gérard, frère d'Otton de Duras, semble être une
concession faite aux tyrans (2). Comme son prédécesseur,
Rodolphe dut s'exiler deux fois Le comte Gislebert en
voulait à sa vie, le poursuivait dans le couvent, lui tendait
des piéges à sa maison de campagne, soulevait le peuple
contre lui. Pendant la dernière absence de cet abbé (1121-
1123), il pénétra en maître dans le cloître, et il eut l'audace
irrévérencieuse de célébrer les noces de son fils Otton dans
la cellule abbatiale (3). Aussi Rodolphe, à son retour, s'empressa-t-il de faire démolir la tour contigüe à sa cellule, et
dans laquelle il plaçait, de concert avec l'avoué, un corps
de garde pour veiller à la sûreté de la ville. Plus d'une
fois, l'avoué l'avait occupée avec des troupes, et, comme un
véritable brigand, il avait arraché les clefs aux moines
terrifiés pour dévaliser le monastère (4).

La juridiction que l'abbé de Saint-Trond avait sur une
partie de la ville, ne pouvait le laisser indifférent aux
revendications du peuple qui demandait l'érection d'une
commune. L'émeute qui grondait au dehors fit quelquefois
irruption dans l'enceinte du couvent, mais on ne peut pas
dire que, dans ces circonstances, les avoués aient réellement
failli à leurs devoirs (5). Cependant, en 1347, le duc Jean
de Brabant pénétra dans le monastère à la tête de ses

---

(1) *Gesta abbatum trudon.*, *Gesta Rodulfi*, l. IV, n° 12.
(2) Cfr. ci-dessus, p. 44-45.
(3) *Gesta abb. trudon.*, *Gesta Rodulfi*, l. XII, n° 1.
(4) *Ibidem*, n° 2.
(5) Cfr. ci-dessus, p. 28.

troupes pour s'emparer des droits qu'avaient les moines sur
la ville. Il établit même des échevins, dont il présida le tribunal avec le sous-avoué. Cette tentative n'eut pas de
conséquences, car ces échevins extraordinaires furent cassés
et les religieux recouvrèrent leur juridiction (1).

Les moments de crise dont nous avons parlé plongeaient
le monastère, privé d'une sage direction, dans une désorganisation dont ne manquèrent pas de profiter les grands et
certains habitants des terres de l'église. A la fin du xie siècle,
l'abbaye, livrée à l'anarchie et privée de ses protecteurs par
la mort des évêques de Metz et de Liége ainsi que par l'expédition de l'empereur en Italie, fut dépouillée de nombreuses
propriétés. Tandis que Godefroid de Bouillon confisquait une
partie de ce qu'elle possédait en Hesbaye et dans le comté
de Testrebant, le comte palatin s'emparait de ses biens situés
sur la Moselle, et le comte Henri de Limbourg de ses terres
sises sur la Meuse et le Rhin, ainsi que du produit des
vignobles qu'elle avait près de Cologne (2). La vigilance des
abbés Thierry et Rodolphe, favorisés par les circonstances,
comme le départ de Godefroid pour la Terre-Sainte, leur
permit de rentrer en possession de la plupart de ces biens.
Mais leur tâche fut moins facile, lorsqu'il s'agit de faire
reconnaître les droits de l'abbaye usurpés par des officiers
indélicats et ambitieux, ainsi que par des tenanciers qui
s'étaient affranchis de leurs redevances. C'est contre ces
usurpateurs que l'abbé Rodolphe entama toute une série de
procès. Dans son œuvre de restauration, il eut souvent
recours, et non sans succès, à l'aide des avoués. Cependant
ceux-ci, surtout quand leurs intérêts étaient en jeu, entra-
vèrent parfois son action, même à main armée (3).

Il fallait bien alors se résigner à faire des concessions

---

(1) *Gesta abbatum trudonensium, continuatio* 3ª, pars IV, !. 2. *Gesta
Amelii*, n° 7.

(2) *Gesta abbat. trudonens., Gesta Rodulfi*, l. VI, n°s 4, 18.

(3) *Gesta abbatum trudonensium, Gesta Rodulfi*, l. IX, n°s 9, 11, 16;
l. XII, n° 15.

désavantageuses, en appeler au jugement des échevins (1),
ou même porter les plaintes à l'avoué supérieur, puis à
l'évêque, et enfin à l'empereur, pour obtenir justice (2). Aussi
Rodolphe dénonce-t-il ces indignes protecteurs qui, corrompus par l'argent, ne craignent pas de forfaire à leurs enga-
gements (3).

Loin de prêter aux abbés un concours pour lequel ils
percevaient des émoluments considérables, les avoués se
livraient à toutes sortes d'exactions, spoliant, comme des
voleurs de grand chemin, les moines et les habitants des
terres monastiques. Ainsi, Gislebert de Duras s'appropria
le produit de la vente d'une terre, et il osa dérober un vase
précieux, nommé *phylacterium*, et destiné à contenir
des reliques (4). Le même avoué, instigué par sa femme
Gertrude, enleva aux religieux les revenus de certaines
terres assignées pour leur entretien, leur laissant à peine
de quoi se nourrir et se vêtir (5).

Mais ce sont les pauvres tenanciers du monastère qui
eurent le plus à souffrir de l'ambition insatiable de ces
potentats. La charte fondamentale de l'avouerie, délivrée
en 1065 par l'évêque de Metz Albéron III, fut renouvelée
en 1176 par le duc de Limbourg, pour réprimer les trans-
gressions des avoués et des sous-avoués. Comme les droits de
justice étaient importants, ils multipliaient les plaids, ou
s'efforçaient de les étendre indistinctement à toutes les dépendances, ainsi que le comte de Looz le faisait pour des villages
appartenant à l'église de Saint-Servais à Maestricht (6). Ainsi
Arnould de Velpen dut renoncer au *servitium* trop élevé
qu'il prélevait dans son avouerie de Webbecom et de
Haelen (7), et l'avoué de Briedel forçait les habitants à venir

(1) *Gesta abbatum trudon.*, *Gesta Rodulfi*, l. IX, n° 7.
(2) *Ibidem*, l. IX, n°s 6, 27.
(3) « prohibentibus dominis et advocatis nostris, per quos maxime
juvari deberemus ». *Ibidem*, l. IX, n° 32, l. X, n° 7.
(4) *Ibidem*, l. VI, n° 25.
(5) *Ibidem*, l. X, n° 10.
(6) MIRAEUS et FOPPENS, *Opera diplom.*, t. IV, p. 203.
(7) *Cartulaire de Saint-Tron'l*, t. I, pp. 95, III.

aux plaids, sans en avoir le droit (1). Ils abusaient volon-
tiers de leur mission d'exécuter les sentences, et s'emparaient de la justice haute et basse, comme Arnould de Looz,
vers 1250, le fit à Borloo, Engelmanshoven, Ham, Haelen,
Linkhout, tandis que le duc de Brabant l'imitait dans les
villages enclavés dans son domaine. L'abbé Guillaume de
Ryckel s'en plaignit amèrement, et voyant que son entou-
rage impuissant semblait se résigner, il s'indigna, en disant
qu'il ne lui restait d'autre consolation que la conscience de
sa faiblesse devant de tels empiètements (2).

Les avoués ne se contentèrent pas d'étendre injustement
leurs droits, ils se livrèrent encore à des déprédations
inouïes sur le territoire de l'abbaye. Leur exemple fut suivi
par leurs sous-avoués, leurs vassaux, et surtout par les
villici de l'abbé, assurés de l'impunité. L'abbé Rodolphe,
dans une lettre à Étienne, évêque de Metz (3), décrit les
maux incroyables dont son monastère fut la triste victime.
L'avoué Gislebert de Duras reste sourd aux objurgations
de l'abbé, qui réclame instamment la répression des exactions que des seigneurs, vassaux du comte, commettent sur
les terres de l'abbaye. Accompagné de ses fils, Gislebert
fait, avec des troupes de trois cents à quatre cents chevaux,
jusqu'à trente-deux *pernoctationes* à Borloo, du mois de
juin à l'avent. Cet abus du droit de gîte était excessivement
onéreux pour les malheureux paysans, qui devaient subvenir à l'entretien des gens et des bêtes. Quand le comte de
Duras suivit l'empereur Henri V en Italie, en 1116, il
préleva un impôt indu sur les habitants, et ceux qui ne
s'empressèrent pas de l'acquitter, furent l'objet de cruelles
représailles. Les officiers de l'abbé et les échevins étaient
particulièrement malmenés, sans doute parce qu'ils comp-
taient parmi les notables, et peut être aussi parce que, aux

---

(1) *Cartulaire de Saint-Trond*, t. I, p. 86.
(2) *Gesta abbatum trudonensium, Continuatio* 3ª, pars 4, *Gesta
Wilhelmi*, nº 12.
(3) *Gesta abbatum trudonensium*, fin de la *continuatio* 1ª.

plaids, ils s'opposaient parfois aux instincts rapaces des
avoués.

Citons quelques faits. A Villers-le-Peuplier, Otton, fils de
Gislebert, s'empare de l'intendant de l'abbé, l'emprisonne
dans son château de Waremme, et le force à lui racheter
sa liberté moyennant deux livres ou environ cinquante francs
de notre monnaie. Il séquestre également quatre échevins
et les rançonne. Il prend les troupeaux aux paysans pour
les leur revendre. Dans une guerre personnelle des comtes
de Duras, les ennemis de ceux-ci enlèvent aux manants de
Villers-le-Peuplier presque deux mille têtes de bétail. A
Borloo, l'avoué rassemble les habitants et les taxe à volonté.
A Oreye, il exige des redevances pour plus de dix livres; il
dévaste, ailleurs, les moissons de l'abbaye et perçoit les
fermages. En un mot, incarcérés, rançonnés, dépouillés, les
masuirs du monastère sont ruinés et réduits à la mendicité.

Toute la lettre de Rodolphe n'est qu'un long et lugubre
gémissement sur la terreur et la désolation que la cruauté
des avoués faisait régner sur le domaine de Saint-Trond, et
il pleure sur son impuissance à empêcher une semblable
calamité. Le châtiment mérité fut enfin infligé à Gislebert :
il fut privé de l'avouerie (1).

Les avoués locaux, eux aussi, s'efforcèrent d'augmenter
leurs droits et firent des exactions. A Oreye, le sous-avoué
du comte de Duras dévaste et pille les récoltes (2); à Haelen,
Arnould de Velpen prétend au droit de meilleur-catel (3);
à Seny, le seigneur de Durbuy refuse de faire hommage de
son avouerie à l'abbé, et force les manants à moudre à
son moulin banal (4); ils profitent de ce que la séparation
des biens n'est pas bien déterminée, pour percevoir des

(1) Cfr. ci-dessus, p. 72.
(2) Lettre de Rodolphe à l'évêque Étienne, dans *Gesta abbatum trudonensium*, après la *continvatio* 1ª.
(3) *Cartulaire de Saint-Trond*, t. I, p. 95; Voir aussi *Pièces justificatives*, nᵒ IV.
(4) *Le Livre de l'abbé Guillaume*, p. 214.

droits sur les propriétés indivises avec un semblant de justice ; enfin, ils réclament leur part dans les forêts, font couper les arbres, confisquent des terres et s'attribuent toutes sortes de redevances qui appartiennent au seul propriétaire (1).

L'avouerie, qui était un exercice limité du droit domanial, se prêtait facilement à des abus. Ruinés par les guerres et le luxe de la vie féodale, les avoués trouvaient de précieuses ressources dans les exactions, dont les plus fréquentes étaient les droits précaires, les droits de justice, les cautions, le droit de gîte (2). C'est pourquoi, afin de couper court à leurs prétentions injustifiées, on remplaça ces droits extraordinaires par un bénéfice attaché à l'avouerie. A Saint-Trond, l'avoué supérieur avait la jouissance de onze cents manses, dont il abandonnait trois cents au comte de Duras. Les avoués locaux obtinrent aussi un fief ou un revenu fixe (3). L'avouerie, à tous les degrés, restait donc bien avantageuse pour ses titulaires, et les excès de ceux-ci n'en sont que plus coupables.

On ne peut pas dire cependant que tous les avoués aient profité de leur situation de protecteurs pour pressurer le monastère. L'un ou l'autre d'entre eux, pressé par le besoin, a pu parfois étendre injustement ses droits, mais le plus souvent, ils restaient indifférents à leur devoir, laissant les sous-avoués et les officiers de l'abbaye s'affranchir, et mettre à contribution les endroits dont ils étaient les maîtres. Quant aux excès incroyables de Gislebert de Duras, il faut, avant de les juger, se souvenir que l'époque où vécut cet avoué (1088-1136), vit tous les princes séculiers spolier les territoires ecclésiastiques, qui avaient d'ordinaire à leur tête des simoniaques dont l'âme vénale devait être indulgente pour

---

(1) *Le Livre de l'abbé Guillaume*, pp. 208-209 ; 214 ; 216-219 ; *Gesta abbatum trudonens.*, *Gesta Rodulfi*, l. IX, n° 21.

(2) Diplôme de Lothaire III pour l'abbaye de Stavelot, an. 1131 ; *Recueil des ordonnances de la principauté de Stavelot*, p.

(3) Cfr. ci-dessus, pp. 51 et 53.

les abus de leurs complaisants protecteurs. En outre, mêlé à toutes les guerres qui, terminées d'un côté, renaissaient de l'autre, grâce aux compétitions pour le titre de duc, pour l'évêché de Liège, pour l'abbatiat et l'avouerie de Saint-Trond, il était le type du tyran féodal, brave sous l'armure, mais despote pour ses sujets.

Enfin, ennemi personnel de l'abbé Rodolphe, qui ne craignait pas d'élever la voix contre ses scandaleuses rapines, Gislebert ne cessa de poursuivre ce prélat dans sa personne, et le contraria dans son œuvre de relèvement du monastère. Sa conduite n'est assurément point excusable, et c'est avec raison que le chroniqueur Rodolphe nous dit « qu'il fut, par « la permission de Dieu, le mauvais génie de l'abbaye qu'il « opprima sans remède par tous les moyens contraires au droit humain et divin (1) ». Certes, après Gislebert, il y eut encore des avoués qui abusèrent de la faiblesse des religieux pour opprimer le monastère et ses dépendances, mais aucun d'eux ne parvint à l'égaler en violence et en audace, et c'est à lui surtout qu'on peut appliquer la parole du baron de Saint Genois : « Les vexations sans nombre que les « avoués et sous-avoués de Saint-Trond firent éprouver à « ce monastère, ont un caractère si grave, si dramatique, « qu'elles formeraient le sujet d'une véritable histoire (2) ». En effet, la ville assiégée, le cloître violé et transformé en lieu de festins, les religieux pourchassés, la désorganisation du domaine, les habitants traînés sur les champs de bataille, les moissons ravagées, la ruine du plat pays, les pauvres manants dépouillés, maltraités sans merci, telle fut l'œuvre néfaste de celui qui était chargé de veiller sur la prospérité et la paix de l'abbaye.

(1) « Advocatum enim nostrum comitem Gyslebertum et filium ejus Ottonem spiritu suo repleri permisit (Dominus), et in omne quod erat contra jus, contra fas, ad deprimendam ecclesiae familiam irrevocabiliter suscitavit ». *Gesta abbatum trudonensium, Gesta Rodulfi,* l. XII, n° 7.

(2) SAINT GENOIS, *Avoueries,* p. 133.

CHAPITRE VII.

La Réaction.

—

La situation intolérable créée par la tyrannie des avoués
ne pouvait passer sans protestation. Les doléances amères
et incessantes des chefs ecclésiastiques furent écoutées, et
elles eurent pour résultat une amélioration du triste sort
contre lequel ils se débattaient. D'abord les souverains et
les avoués supérieurs, de qui l'avoué tenait sa charge,
l'invitèrent à la modération par de fréquents décrets, qu'ils
imposèrent parfois par la force des armes. Mais combien
cette répression fut lente à produire d'heureux effets! Car
les avoués étaient assez puissants par eux-mêmes, et l'avouerie entre leurs mains avait pris une trop grande apparence
de propriété, pour qu'ils tinssent souvent compte de pareilles
mesures. Ensuite, les corps échevinaux délimitèrent soigneusement, dans des *records*, les devoirs et surtout les
droits des avoués. En général, la réaction se manifesta par
les moyens suivants, employés selon les circonstances :
1°) Réparation, par les avoués, des dommages causés aux
églises; 2°) Privation de leur dignité; 3°) Réglementation,
dans des records ou plaids solennels, et suivant les dispositions libres des habitants des terres monastiques, des droits
et des devoirs attachés à une ou à un ensemble d'avoueries;
4°) Transaction entre les églises et leurs avoués; 5°) Accord
pour les nouvelles avoueries; 6° Rachat des avoueries (1).

(1) POULLET, *Histoire politique nationale*, t. I, n° 716 ; WAITZ, *op. cit.*,
t. VII, pp. 353-354, et 368-370 ; P. VIOLLET, *Droit public*, t. II, p. 398.

La première charte d'avouerie fut donnée au monastère de Saint-Trond en 1065, par l'évêque de Metz Albéron III, seigneur temporel de cette abbaye, pour trancher un conflit survenu peu auparavant entre l'avoué Frédéric, duc de Lotharingie, et l'abbé (1). En 1128, Gislebert de Duras, privé par jugement de l'avouerie de Saint-Trond et du comté de Duras à cause des déprédations sans nom dont il affligeait l'abbaye, ne se soumit qu'après avoir été vaincu par les évêques de Metz et de Liége, alliés au duc Waleran de Limbourg (2). En 1130, l'empereur ordonna au duc de Limbourg de n'exiger rien au-delà des onze cents manses qu'il avait en bénéfice comme émoluments d'avouerie (3), et, en 1180, ce fut une sentence impériale qui réserva à l'avoué le droit de fortifier les dépendances du monastère (4). L'avoué supérieur Henri III de Limbourg, en 1176, fit comparaître en sa présence les avoués et sous-avoués de Saint-Trond, pour les semoncer à propos de leurs exactions, et leur rappeler, par la bouche des échevins, que leurs droits étaient limités (5). Ce même seigneur fit condamner Conon de Duras à la perte de son avouerie, parce qu'il refusait de lui en faire hommage en sa qualité de vassal (6), et le comte de Looz subit la même peine, en 1203, par décision de l'évêque de Metz, qu'il avait mécontenté, et qui revêtit le duc de Brabant de l'avouerie de Saint-Trond (7). Celui-ci, en 1221, prit sous sa protection les bourgeois de Saint-Trond, qui se plaignaient des excès commis par les sous-avoués (8). Ce privilège fut confirmé par l'empereur en 1245 (9). Dans la suite, les ducs de Brabant, avoués suprêmes

---

(1) Cfr. *Pièces justificatives*, n° I.
(2) Cfr. ci-dessus, p. 73.
(3) THOMASSIN, *Ancienne et Nouvelle discipline de l'Église*, t. III, l. 2, c. 55, l.° 3.
(4) Cfr. ci dessus, p. 74.
(5) Cfr. *Pièces justificatives*, n° IV.
(6) Cfr. ci-dessus, p. 75.
(7) DARIS, *Histoire de Looz*, t. I, p. 436.
(8) *Cartulaire de Saint-Trond*, t. I, p. 177 et *CRH.*, 3e série, t. II, p. 292.
(9) BÖHMER, *Acta imperii selecta*, 1re édition, n° 482, p. 403.

de Saint-Trond, prirent ce monastère sous leur tutelle spéciale et le défendirent, contre les sous-avoués, par de nombreuses chartes des années 1266 à 1428 (1). Enfin deux diplômes délivrés en 1349 par Charles IV, roi des Romains, confirmèrent les privilèges de l'abbaye et affermirent le pouvoir de l'abbé sur son territoire, en enjoignant à tous ses hommes-liges, juges et tenanciers de lui obéir fidèlement (2).

Les efforts des princes séculiers pour réfréner l'audace des avoués trouvèrent un précieux appui dans l'autorité ecclésiastique. La foi vive de cette époque donnait une influence considérable à l'Église, dont la volonté était ordinairement respectée, surtout quand elle s'imposait par la menace de peines canoniques. Aussi le Pape et les Évêques usèrent-ils, quand ils le jugeaient nécessaire, de leur pouvoir d'excommunication contre ceux qui usurpaient les biens et les droits des églises, et leur intervention réussit plus d'une fois auprès des avoués. Ceux-ci, à dire vrai, ne se souciaient pas toujours de la censure spirituelle; mais le peuple, lui, en pâtissait Car l'interdit, lancé sur les terres d'un seigneur, privait les habitants de celles-ci de l'exercice du culte, et les protestations des sujets amenèrent parfois la soumission du maître.

Les monastères avaient coutume de faire confirmer leurs possessions par le Souverain-Pontife, et de les placer sous sa sauvegarde sacrée; des peines canoniques étaient commi-

---

(1) Cfr. ci-dessus, p. 28, note 3.
(2) *Cartulaire de Saint-Trond*, t. I, pp. 498 et 507.
Dans les autres abbayes, on prend des mesures semblables : En 1146, Conrad III força le comte de Looz à abandonner ses prétentions d'avouerie sur des dépendances de l'église Saint-Servais de Maestricht. MIRAEUS et FOPPENS, *Opera diplom.*, t. IV, p. 203. — L'empereur Frédéric ordonna à Henri, comte de Namur, de supprimer les sous-avoués de Wasseiges et d'Évrehailles, localités appartenant au monastère de Saint-Laurent. DARIS, *Le Cartulaire de l'abbaye de Saint-Laurent*, dans *Société d'art et d'histoire du diocèse de Liége*, t. II, p. 239. — A Brogne, l'évêque de Liége dépouillait l'avoué prévaricateur. Cfr. ci-dessus, p. 17, n. 7. Voir les diplômes de Lothaire III (1131) et de Conrad III (1140) pour Stavelot, *Recueil des ordonnances de Stavelot*, pp. 17, 25; pour Saint-Hubert, *Chron. S. Huberti*, dans *MGH. SS.*, VIII.

nées contre ceux qui attenteraient à la prospérité des domaines ecclésiastiques. Tantôt ce sont de simples menaces, comme les bulles de Pascal II (1), et d'Alexandre III (2) pour le monastère de Saint-Trond; tantôt, des admonestations personnelles, comme la lettre de Clément VI (1348) au duc Jean de Brabant, dans laquelle le pape somme ce prince de renoncer à la seigneurie sur la ville de Saint-Trond, dont il s'est emparé par la force et qui appartient entièrement au prince évêque de Liége, sauf certains droits que possèdent l'abbé et l'avoué (3). D'autres fois, il obligea les avoués à restitution (4).

L'excommunication était aussi lancée par les évêques. Henri de Limbourg, qui soutenait le moine Herman dans ses intrigues pour obtenir la mitre abbatiale, fut excommunié par l'évêque de Liége Otbert (5). L'avoué Gislebert de Duras, qui s'était jeté dans le parti d'Alexandre de Juliers quand celui-ci disputait le trône épiscopal de Liége à Frédéric, fut enveloppé dans la sentence d'excommunication dirigée contre Alexandre et ses adhérents; les habitants de Saint-Trond, qui l'avaient suivi dans cette aventure, virent leur ville mise en interdit (6). Gislebert tomba une seconde fois sous le coup des foudres apostoliques : c'était en 1128,

(1) « Decrevimus ergo ut neque advocato nec ulli hominum liceat idem cenobium perturbare.... Si qua igitur ecclesiastica secularisve persona hanc nostre constitutionis paginam sciens contra eum temere venire temptaverit secundo, terciove commonita, si non satisfactione congrua emendaverit, potestatis honorisque sui dignitate careat, reamque de divino judicio existere de perpetrata iniquitate cognoscat, et a sacratissimo corpore et sanguine Dei et domini redemptoris Jhesu Christi aliena fiat atque in extremo examine districte ultioni subjaceat ». an. 1107. *Cartulaire de Saint-Trond,* t. I, p 29, 32.

(2) an. 1178. *Ibidem,* t. I, p. 134. — Cette disposition se retrouve partout : « tandem apostolico anathemate percussus, advocatiam amittat ». an. 1112. *Cartul. d'Afflighem,* 1er fascicule, p. 38 dans *Analectes pour servir à l'histoire ecclésiastique de la Belgique.*

(3) *Gesta abbat. trudon., continuatio* 3a, *Gesta Amelii,* no 7.

(4) Un exemple dans ERNST, *Histoire du Limbourg,* t. III, p. 120-121.

(5) *Gesta abbatum trudon., Gesta Rodulfi,* l. VI, no 18.

(6) *Gesta abbatum trudon., Gesta Rodulfi,* l. XI, nos 10, 11; MANTELIUS, *Histor. loss.,* p. 66.

quand ses crimes lui valurent la déchéance de son avouerie.
Arnould de Velpen, avant 1160 (1), mérita aussi d'être mis
au ban des fidèles, et l'avoué de Briedel dut mettre un terme
à ses injustices sous peine d'encourir le même châtiment (2).
Sous l'abbé Guillaume de Ryckel, il se passa un fait analogue. Comme il poursuivait aux plaids des gens qui avaient
nui à l'abbaye, et que la sentence des échevins temporisa-
teurs se faisait trop longtemps attendre, il eut recours aux
armes spirituelles (3).

Cependant, comme le peuple souffrait beaucoup de ces
mesures sévères, on y apporta des amendements, et l'interdit n'atteignit pas chaque fois les habitants punis sans être
coupables. En 1222, le pape Honorius III déclara que les
localités appartenant à l'abbaye de Saint-Trond ne pouvaient
être mises en interdit par suite des méfaits qu'y auraient
commis les avoués (4), et en 1294, l'Official de Liége ordonna
la célébration des offices divins dans les terres du monastère,
malgré l'excommunication lancée à cause des délits des avoués,
et particulièrement du comte de Looz Arnould VI (5). La
même année, l'abbé Guillaume II réclama l'autorisation de
rétablir le culte religieux interdit (6).

La répression dont nous venons de parler, et qui revêtait
un caractère spirituel ou temporel, suivant la qualité du
personnage qui défendait le domaine ecclésiastique contre
ses avoués, ne fut pas très efficace. Cela tient à ce qu'elle
fut uniquement occasionnelle et non pas le résultat d'un effort
continu. On ne pouvait pas attendre des empereurs, absorbés
par le souci des affaires extérieures et intérieures de leurs

---

(1) Avoué de Webbecom et de Haelen, *Cartulaire de Saint-Trond*,
t. I, p. 95.

(2) *Cartulaire de Saint-Trond*, t. I, p. 86 ; BEYER, *Mittelrheinisch
Urkundenbuch*, t. II, p. 50.

(3) « Et quia abbas habere non potuit sententiam scabinorum, ad spiri-
tualem gladium se convertit », *Le Livre de l'abbé Guillaume*, pp. 205-207.

(4) *Cartulaire de Saint-Trond*, t. I, p. 179.

(5) *Ibidem*, t. I, p. 395.

(6) *Ibidem*, t. I, p. 396.

états, des mesures coërcitives contre les avoués des églises, petits seigneurs innombrables dont, la plupart du temps, ils constataient avec plaisir la présence sous leur drapeau. D'ailleurs, au cours de leurs démêlés avec la Papauté, les empereurs n'avaient-ils pas eux-mêmes donné l'exemple en assujettissant l'Église à leur glaive ? Pour les avoués supérieurs, quand ils ne rivalisaient pas de zèle avec leurs vassaux pour spolier les territoires dont ils avaient la garde, ils étaient souvent trop faibles, ou occupés à guerroyer avec leurs propres ennemis, pour songer à ramener la paix dans les monastères, et châtier les seigneurs puissants qui trouvaient leur charge avantageuse, et refusaient de se soumettre de bon gré aux conditions qu'on leur imposait.

L'avouerie avait poussé des racines profondes, et elle était pour ainsi dire identifiée avec les abus auxquels elle avait donné lieu. Pour changer la situation, il fallait achever de rendre inutile cette institution qui, transplantée dans le domaine politique et hypertrophiée par les empiètements, était devenue semblable à un vaste édifice reposant sur une base toujours plus étroite, sur le besoin de protection. Ce sera l'œuvre inconsciente des évènements que nous caractériserons plus loin.

Si l'avoué prévaricateur s'exposait aux coups de l'autorité supérieure, il rencontra aussi une résistance opiniâtre de la part de ses victimes, qui se levèrent plus d'une fois pour défendre leurs droits outragés.

En premier lieu, il faut citer les abbés, devenus plus soucieux des intérêts de la communauté dont ils avaient la direction. Nous avons déjà vu Rodolphe disputer pied à pied les possessions de l'abbaye à ceux qui les avaient usurpées, et lutter sans trève, mais avec succès, contre l'avoué Gislebert de Duras. Guillaume de Ryckel mérite aussi d'être signalé pour son activité et les grandes qualités d'administrateur qu'il a révélées dans son *Polyptique* (1). L'intervention sage

(1) *Le Livre de l'abbé Guillaume de Ryckel*, passim.

de cet abbé dans les affaires courantes de l'abbaye, permit à celle-ci de prospérer en paix, sans trop souffrir des excès de ses avoués.

D'un autre côté, les corps échevinaux, organes de la loi et représentants de la justice, maintinrent par leurs sentences les fonctions et les droits des avoués dans leurs anciennes limites Ainsi, quand l'évêque de Metz Albéron III et le comte Henri de Limbourg, à un siècle d'intervalle, déterminèrent exactement le rôle des avoués de Saint-Trond, ils ne le firent pas d'une façon arbitraire et spontanée, mais ils revêtirent de leur autorité les dispositions de la coutume à cet égard, dispositions que firent connaître les échevins consultés au préalable. Plus tard, c'est aux plaids généraux, devant le peuple assemblé, que les échevins imposent une règle de conduite aux avoués par des records solennels (1).

Il importe de signaler les mesures préventives prises contre l'avouerie des monastères de fondation relativement récente. Ce sont des précautions destinées à garantir les nouveaux couvents de la tyrannie sous laquelle gémissaient les anciens. Elles consistent en une restriction considérable des fonctions et surtout des droits des avoués. Cette situation présentait parfois une véritable anomalie, car tel seigneur, comme le comte de Looz, percevait, en sa qualité d'avoué de Saint-Trond, des émoluments très élevés et il était investi d'une grande somme de pouvoirs, tandis qu'il ne se voyait attribuer, comme avoué d'Averbode, couvent fondé en 1155, que six sols de l'abbé ou du magistrat, outre sa part dans les amendes. D'autres droits, perçus d'ordinaire, bien qu'illégalement, par les avoués, tels que les corvées, les redevances, les plaids, le gîte, lui étaient interdits (2).

---

(1) an. 1250. Mémoires concernant certains droits de l'avoué de Mehaigne. Cfr. *Societé archéol. de Namur*, t. II, p. 201 et suiv. — an. 1351. Record des échevins de Momale. Cfr. *Société d'art et d'histoire du diocèse de Liége*, t. II, pp. 227-228. — an. 1384. Record des droitures de l'avouerie d'Amay. Cfr. *Ibidem*, t. VIII, p. 286. — XIVe siècle. Statuts et privilèges du ban d'Olne. Cfr. *Ibidem*, t. VII, p. 296, et *Analectes pour servir à l'histoire ecclésiastique de la Belgique*, t. XIV, p. 299 et suiv.

(2) MANTELIUS. *Histor. lossensis*, p. 106-107.

D'où qu'ils vinssent, les remèdes dont nous venons de parler ne pouvaient apporter qu'un soulagement passager, et leur effet fut souvent illusoire. Il fallait attendre la disparition de l'avouerie, et c'est à cette dernière phase de l'institution qui nous occupe que nous allons assister.

CHAPITRE VIII.

La Chute de l'Avouerie.

—

L'avouerie, née de l'insécurité des propriétaires ecclé-siastiques au milieu des secousses de la société politique en formation, ne répondait plus à un besoin de protection, grâce à la paix relative qui régnait déjà au xiii° siècle. Si nous la voyons subsister encore dans la suite, elle dut cette survivance à la féodalité qui se l'était étroitement attachée. Comme cette dernière, elle fut absorbée par les grands princes territoriaux, tandis que, d'un autre côté, elle s'éva-nouissait devant le mouvement ascensionnel des populations vers la liberté.

Diverses causes particulières ont amené la disparition de certaines avoueries. Des seigneurs, mûs par un sentiment de piété ou de repentir, ont renoncé spontanément à leurs prérogatives. En 1146, Godefroid de Duras et sa femme Julienne donnent l'avouerie d'Aalem au monastère de Saint-Trond (1). De même en 1154, Nicolas, avoué de Briedel, abandonne ses droits et laisse cette localité entièrement libre (2).

(1) *Cartulaire de Saint Trond*, t. I, p. 68; Renonciation de l'avoué de Ruremonde, *Ibidem*, t. I, p. 214.— On a des exemples semblables ailleurs : En 1225, Waleran de Limbourg et de Luxembourg exempte le couvent de Sainte-Marie a Luxembourg des droits d'avouerie. ERNST, *Histoire du Limbourg*, t. VI, p. 204. — En 1233, Arnould de Beaufort renonce à l'avouerie de Solières « *pro remedio anime nostre* », *CRH.*, 5e série, t. IV, (1894), p. 21.
(2) *Cartulaire de Saint-Trond*, t. I, p. 85.

Le besoin d'argent pour subvenir aux dépenses qu'entraînaient les expéditions guerrières (1) et le luxe de la vie seigneuriale, a aussi provoqué le rachat du droit d'avouerie par les églises. Le comte Guillaume de Hollande, devenu roi des Romains, céda l'avouerie d'Aalburg à l'abbé Guillaume de Saint Trond, moyennant un marc d'argent pour le relief, et une somme de plus de quarante marcs (2). Quelque temps après, en 1282, Eustache de Hamal et le comte de Looz vendirent celle d'Helchteren à l'abbaye de Saint-Trond (3). Enfin, il y eut des avoueries supprimées par le pape (4) et par les souverains, qui se déclaraient alors protecteurs des biens ecclésiastiques. Il est arrivé que cela se fît naturellement, comme pour l'avouerie de Stavelot, qui passa sur le trône impérial avec les princes de la maison de Luxembourg (5).

Mais ces cas particuliers ne sont que des accidents, au milieu de l'évolution lente qui réunissait les unes après les autres les petites seigneuries féodales aux mains des grands feudataires, et, avec elles, les avoueries qui leur étaient annexées. Les derniers descendants des comtes de Duras vendirent, avec l'avouerie de Saint-Trond qu'ils possédaient de droit héréditaire, leur domaine au comte de Looz à la fin du XII⁰ siècle. Moins de deux siècles plus tard, la race des comtes, en s'éteignant, transporta en la possession des princes-évêques de Liége les comtés de Looz et de Duras, ainsi que l'avouerie de Saint-Trond. Déjà auparavant, la

(1) En 1096, l'avouerie de Noyelles passe à deux églises de Noyon, par suite du depart de l'avoué pour la croisade : Charte de Robert le Jeune, comte de Flandre, dans *CRH.*, 4ᵉ série, t. II (1875), p. 181.

(2) *Cartulaire de Saint-Trond*, t. I, pp. 250, 251, 267 ; BÖHMER, *Acta imperii selecta*, p. 299. *Le Livre de l'abbé Guillaume*, p. 348.

(3) *Cartulaire de Saint-Trond*, t. I, pp. 354, 355, 356 ; SAINT-GENOIS, *Avoueries*, pp. 188, 225, 232 ; WOLTERS, *Codex diplom. lossensis*, n⁰ 287 ; MANTELIUS, *Historia lossensis*, p. 217.

(4) En 1220, par une lettre à l'archevêque de Cologne, Honorius III défend de pourvoir de nouveaux titulaires les avoueries qui vaqueront à l'avenir. HONTHEIM, *Historia diplomatica trevirensis*, t. I, p. 635, cité par BONVALOT, *Histoire du Droit et des Institutions de la Lorraine*, etc., p. 381.

(5) SAINT-GENOIS, *Avoueries*, p. 105.

politique des princes-évêques avait accru la principauté de
nombreuses avoueries (1), augmentant ainsi le patrimoine
de Saint-Lambert. Depuis 1227, un échange avec l'église
de Metz avait donné aux évêques de Liége la souveraineté
sur la moitié de la ville de Saint-Trond, et leur intervention
comme seigneurs temporels avait diminué d'autant l'influence
des avoués. Insensiblement, ils étendaient leur protection
sur les dépendances de l'abbaye, et l'avouerie, en tombant
entre leurs mains, n'apporta pas de changement notable à
la situation. Il est vrai que, à cette époque, l'avouerie n'était
plus une mission supposant une action continuelle et mul-
tiple de la part de ses titulaires. Elle semble n'être plus
qu'un titre, et ne se manifeste plus que de loin en loin, dans
les chartes où les grands assurent le monastère de leur
bienveillance. Tels sont les privilèges des ducs de Brabant,
qui s'étaient vus investis définitivement de l'avouerie suprême
de Saint-Trond, lors de la réunion du duché de Limbourg à
leurs possessions. Ces princes puissants, entre les mains
desquels venaient successivement se fondre les petits fiefs,
étaient désormais les gardiens de la paix, et c'est à leurs
officiers qu'ils remettaient le soin de faire respecter les
droits de l'abbé de Saint-Trond (2).

Celui ci, d'ailleurs, avait pris peu à peu l'allure d'un
seigneur féodal. Les nombreux officiers de l'abbaye, comme
les *villici*, avaient su rendre héréditaire le bénéfice attaché
à leur charge, et ils ne tardèrent pas à prendre rang
dans la chevalerie. Au XIIIe siècle, on peut dire que c'est la
règle (3) et tous ces chevaliers, en leur qualité de vassaux
de l'abbé, dépendent directement de celui-ci, et sont justi-

---

(1) *Le Cartulaire de Saint-Lambert*, publié par BORMANS et SCHOOL-
MEESTERS, *Introduction*, t. I, pp. X et XI en fait l'énumération ; Cfr.
HANSAY, *Les origines de l'État liegeois* dans *RIP.*, t. XLIII, p. 9.

(2) an. 1266 à 1428. *Cartulaire de Saint-Trond*, t. I, pp. 333, 384, 405,
445, 462, 536 ; t. II, pp. 73, 79, 253, 254.

(3) *Le Livre de l'abbé Guillaume*, passim. ; Cfr. POULLET, *Essai sur le
droit criminel dans la principauté de Liege*, dans les *Mémoires couronnés et autres Mémoires de l'Académie royale de Belgique*, t. XXXVIII,
1874, pp. 59-61.

ciables des cours féodales. Le diplôme que Charles IV, roi
des Romains, délivra en 1349 à l'abbaye de Saint-Trond,
consacre cette nouvelle organisation des domaines ecclésiastiques, en reconnaissant à l'abbé toute autorité sur ses
vassaux, hommes-liges, juges et tenanciers (1). Ce n'est
plus le temps où l'abbé Rodolphe devait recourir au bras de
l'avoué, pour réprimer les velléités d'indépendance de ceux
qui tendaient à se soustraire à leurs devoirs. Déjà au milieu
du XIIIe siècle, l'abbé Guillaume de Saint-Trond nous apparaît presque toujours seul dans l'exercice de son pouvoir
seigneurial sur les dépendances du monastère.

Cet affranchissement graduel de l'intervention des avoués
dans les affaires intérieures des domaines ecclésiastiques a
plusieurs causes. D'abord, l'indifférence qu'ils manifestaient
pour les devoirs de leur charge ne contribua pas peu à
leur éloignement. Si, autrefois, l'avoué accompagnait ou
représentait l'abbé aux plaids pour le soutenir dans son
administration, ou pour donner une sanction à la justice, il
ne tarda pas à négliger ces fonctions pour courir les champs
de bataille. La nécessité de défendre son propre territoire,
ou le désir de l'augmenter, l'obligation de suivre les expéditions de son suzerain, les conflits sans cesse renaissants
grâce à l'instabilité de la politique, le forçaient d'être
constamment sous les armes, et par conséquent de rester
étranger à sa mission de protecteur du couvent. C'est pourquoi, autant pour se débarrasser de celle-ci que pour
récompenser les hommes qui mettaient leur épée à son
service, il céda à ces derniers l'avouerie d'endroits particuliers. Ces avoués locaux, pour la plupart vassaux de l'abbaye,
ne sont guère différents des officiers domaniaux et ils ont
une tendance à s'identifier avec eux, tout comme les petits
seigneurs, dans les grandes principautés, deviennent sous
le nom de *ammans*, *baillis*, des agents territoriaux des
princes (2). D'un autre côté, l'état social des populations

---

(1) *Cartulaire de Saint-Trond*, t. I, p. 498 et 507.
(2) PIRENNE, *Histoire de Belgique*, t. I, p. 271 et suiv.

avait subi des changements considérables. Si, même jusqu'au
xiᵉ siècle, le propriétaire personnifiait la loi pour les hommes
libres, et à plus forte raison pour les serfs, son pouvoir
domanial fut dans la suite limité par la marche rapide des
habitants vers la liberté. La coutume, qui était le code
traditionnel des tribunaux, s'affermit, se précisa, prit corps
sous la forme du droit écrit, grâce à l'influence bienfaisante
du seigneur ecclésiastique, et grâce aux heurts que lui fit
subir trop souvent l'arbitraire de ceux qui étaient chargés
de l'appliquer.

Ce mouvement, dans le domaine de Saint-Trond, se
présente sous deux aspects bien distincts. Les abbés avaient
la juridiction sur la moitié de la ville de Saint-Trond, dont
les habitants se livrèrent assez tôt au commerce et à
l'industrie, et conquirent ainsi leur indépendance. La charte
communale, il est vrai, ne leur fut octroyée que par portions.
Cependant, dès avant 1108, nous y voyons apparaître des
échevins, dont l'intervention se fait de plus en plus fréquente
dans toutes les affaires de l'abbaye, qu'il s'agisse de chartes
de servitude, de donations de biens ou de justice (1). Nous
avons parlé plus haut de leurs protestations contre les excès
des sous-avoués (2), dont le rôle s'efface de plus en plus. En
1303, le comte de Looz cède momentanément à l'émeute, et
à cette occasion, comme plus tard en 1347, lorsque l'on
voudra assurer la paix en faisant justice des coupables, c'est
l'évêque de Liége ou le duc de Brabant qui impose sa
volonté, tandis que le sous-avoué semble n'avoir que la
garde des prisonniers (3).

D'ailleurs, depuis 1227, les princes-évêques de Liége,
seigneurs temporels de la ville de Saint-Trond, accordèrent
des privilèges successifs aux bourgeois pour faire taire les

(1) *Cartulaire de Saint-Trond, Introduction*, t. I, p. XXXIII et suivantes.

(2) Cfr. ci-dessus, p. 86.

(3) *Gesta abbatum trudonensium, Continuatio* 3ᵃ, pars 4ᵃ, l. II, *Gesta
Ade*, nᵒ 3, 5, et *Gesta Amelii*, nᵒ 7.

rébellions, jusqu'à ce que la cité fût enfin érigée en commune. C'était le couronnement des aspirations de la bourgeoisie, mais, déjà auparavant, celle-ci ne relevait que de la justice de ses échevins, dont le tribunal d'appel était la cour échevinale d'Aix-la-Chapelle. Quant au bourgmestre, il veillait à ce que la justice suivît son cours, il avait la garde des murs et des fossés de la ville, et il commandait les milices communales qu'il convoquait en cas de danger (1).

Le plat pays ne suivit pas la ville de Saint-Trond dans sa marche rapide vers l'autonomie. Attachés à la terre qu'ils cultivaient, pauvres, disséminés par petites agglomérations dans les campagnes, ayant besoin de protection, les masuirs n'éprouvaient pas, comme les bourgeois commerçants, riches et groupés en communauté, la nécessité d'une indépendance aussi complète. Cependant la tenure civile, en se perpétuant dans une même famille, avait assez vite fait place à la tenure libre, moyennant des redevances, de sorte que les habitants des campagnes, dès le XIIIᵉ siècle, jouissaient généralement de la liberté (2). L'accroissement de cette population, libre et consciente de ses droits, donna une plus grande importance aux cours échevinales, qui furent dès lors susceptibles d'une organisation. Les hommes libres ne relevaient que du tribunal local, des sentences duquel ils pouvaient appeler à une juridiction supérieure. A chaque degré de juridiction, le seigneur avait un délégué attaché à chacune des cours échevinales. Au degré inférieur, c'était le *villicus*, ou le mayeur, ancien officier domanial qui, après s'être affranchi, avait passé dans la petite noblesse ou chevalerie. Ses fonctions consistaient à faire rendre la justice, au civil et au criminel, selon la coutume du lieu, à semoncer les échevins (3),

---

(1) *Coutumes du Comté de Looz, de la Seigneurie de Saint-Trond et du Comté impérial de Reckheim*, publiées par L. CRAHAY, 2 vol. Bruxelles, 1871-1872, t. I, préface.

(2) Les comtes de Looz accordèrent, en 1175, aux habitants de Brusthem la loi de ceux de Liège, *Cartulaire de Saint-Trond*, t. I, p. 122, cfr. PIRENNE, *Histoire de Belgique*, t. I, p. 271 et suivantes.

(3) Inviter les échevins à prononcer la sentence.

et à faire exécuter les sentences; il avait aussi la direction des sergents ou des huissiers, chargés de la police.

Ces attributions, ainsi que celles dont nous avons vu le bourgmestre de Saint-Trond revêtu, ne présentent-elles pas une analogie frappante avec la mission que l'avoué remplissait à l'origine sur une plus grande échelle? Et faut-il nous étonner si l'abbé, dans l'administration des biens, a recours indifféremment à l'avoué local ou au mayeur? C'est que le propriétaire ecclésiastique, délivré de ses avoués féodaux et malveillants comme les comtes de Duras, s'était ressaisi, et, sous la tutelle des princes puissants, exerçait lui-même ses droits seigneuriaux, grâce à la fixité du droit qui simplifiait ses rapports avec les tenanciers. Aussi peut-il désormais se passer d'avoués. En 1257, le chevalier Herman de Brusthem, *judex* ou mayeur de Borloo, soutient l'abbé Guillaume dans un procès contre l'abbesse de Boneffe (1). Vers 1365, c'est à deux mambours que l'abbé Robert confie le soin de faire rentrer le monastère dans ses droits par le duel judiciaire (2).

D'autre part, la procédure avait changé d'aspect. L'avoué qui réunissait autrefois les plaids nous apparaît plutôt comme un maître prêt au châtiment. Au XIIIᵉ siècle et surtout plus tard, il n'en est plus de même. Les hommes libres défendent leurs propres causes devant le tribunal des échevins, ou bien ils les confient à des prolocuteurs. Sous certaines réserves de compétence, les mayeurs et les échevins ont le droit de plaider pour une des parties, et cet office s'appelle *advocatio* (3). Comme la représentation du propriétaire ecclé-

----

(1) *Le Livre de l'abbé Guillaume*, p. 306-307.

(2) *Gesta abbatum trudonens.*, *continuatio* 3ª, pars 4ª, I. II, *Gesta Roberti* nᵒ 10. — En 1248, l'abbé Thomas se réclama de la protection d'un puissant citadin dont il fit son vassal. *Gesta abb. trudon.*, *contin.* 3ª, pars 4ª, l. I, *Gesta Thome*, nᵒ 4. — Les nouvelles propriétés acquises par le monastère sont d'ordinaire mises sous la mambournie d'un des principaux de l'endroit. *Le Livre de l'abbé Guillaume*, pp. 269, 279,

(3) Les échevins de Vliermael, dont on exigeait une connaissance approfondie du droit, pouvaient plaider, sauf à Vliermael et devant la salle de Curange (*advocationis functionem*), an. 1658, *Coutumes du Comté de Looz*, etc., t. I, préface.

siastique par un seigneur, en toutes les circonstances où il
avait besoin de protection, était connue sous le nom d'*avouerie*, ainsi ce vocable finit par être restreint à la défense d'un
particulier en justice. Et dans les cas spéciaux où l'abbé de
Saint-Trond a confié ses intérêts à des tiers, ceux-ci portent
le nom d'*advocati*, c'est-à-dire de fondés de pouvoirs et de
plaideurs. Rappelons pour mémoire le procès de l'abbé
Rodolphe devant la cour impériale (1), celui de l'abbé
Guillaume de Ryckel pour la *villicatio* de Stayen, et où
l'avoué Chrétien est invité à donner son avis (2) contre
l'officier de l'abbaye, et enfin la longue procédure du même
abbé contre les Lombards, au cours de laquelle il avait chargé
de la défense de sa cause des *advocati*, même clercs (3).

L'avouerie féodale s'était donc évanouie, absorbée d'un
côté par la centralisation politique des grands feudataires,
refoulée de l'autre par les droits croissants des populations
libres. Il en resta cependant quelque chose. Si le nom fut
restreint désormais à la représentation en justice, les grands
princes avaient, comme gardiens de la paix publique, conservé
des droits, ou plutôt une rente d'avouerie, dernier vestige
de la protection intéressée que les seigneurs accordaient au
couvent. C'est ainsi que les ducs de Bourgogne, qui avaient
réuni entre leurs mains toutes les avoueries de la principauté
de Liége, jouissaient encore d'une rente d'environ deux
cents florins de Brabant pour l'avouerie de Saint-Trond (4).

(1) Cfr. ci-dessus, p. 37.
(2) *Le Livre de l'abbé Guillaume*, p. 195-196.
(3) Cfr. ci-dessus, p. 14, note 4.
(4) Registre reposant aux Archives du Royaume, Cfr. SAINT-GENOIS.
Avoueries, p. 181 et suiv.

CHAPITRE IX.

Conclusions.

Comme grands propriétaires de l'époque franque, les églises et les monastères avaient des devoirs à rendre au souverain, et des droits à exercer dans leurs domaines. Le comte, agent royal, était chargé de faire acquitter les uns, et les autres étaient confiés à des intendants, tels que les *villici*. Mais quand le privilège d'immunité, en écartant le comte, transforma leurs possessions en un territoire indépendant sur lequel l'autorité du roi ne se faisait plus sentir que d'une façon éloignée et simplement morale, les grands ecclésiastiques, à qui les canons interdisaient formellement les affaires temporelles et particulièrement l'effusion du sang, se virent investis d'une sorte de pouvoir absolu. Ils devaient, en effet, fournir l'*ost* au souverain, et, dans leurs terres exposées aux convoitises de puissants voisins, diriger l'administration et présider à l'exercice de la justice. Ils avaient bien leurs officiers domaniaux; mais ceux-ci étaient *ministeriales*, c'est-à-dire de condition non-libre, et par conséquent inaptes à suppléer à la faiblesse et à l'incapacité juridique du maître.

C'est pourquoi le souverain, ou quelquefois celui qui avait conservé la souveraineté d'un domaine affranchi, se mit d'accord avec le chef ecclésiastique pour déléguer un remplaçant à ce dernier, dans les circonstances où l'exercice de ses pouvoirs serait incompatible avec sa qualité de clerc. Et comme il s'agissait de la protection contre les agressions et de la justice, en un mot de maintenir la paix extérieure et intérieure, attribut essentiel de la royauté, ce délégué devait recevoir le *bannum* de la main du roi, en d'autres termes, la consécration officielle de ses pouvoirs. Outre que cette mission ne pouvait être confiée qu'à un homme libre, Charlemagne la réserva à un grand propriétaire voisin des biens de l'église, afin de lui assurer toute l'efficacité qu'on était en droit d'en attendre. A ce personnage, on donna le nom d'*advocatus*, avoué, vocable qui servait à désigner, du temps de l'Empire romain, ceux qui représentaient en justice des tiers, les particuliers comme les personnes morales. Alors il leur suffisait d'être *scholastici*, c'est-à-dire, légistes, grâce à l'administration centralisatrice de l'Empire, et à l'uniformité du droit romain, qui réglait la vie sociale de tous les peuples soumis à Rome.

Il résulte de ce qui précède que l'avouerie procède directement de l'immunité (1), et qu'elle est un mode de la protection germanique. L'avoué remplace le comte dans le domaine privilégié. L'un et l'autre puisent leurs pouvoirs à une même source : le roi ; tous deux ont les mêmes fonctions ; tous deux ont des émoluments semblables. Il est donc superflu d'établir une division des fonctions de l'avouerie, en vertu de laquelle il y aurait eu des avoués militaires et des avoués judiciaires. En réalité, il n'y eut qu'un avoué à l'origine, et ses attributions lui donnaient une autorité extraordinaire. Sous les règnes si troublés des Mérovingiens et des successeurs de Charlemagne, l'avoué était comme une sauvegarde contre les dangers extérieurs qui menaçaient la sécurité du territoire ecclésiastique. A l'intérieur, il était le protecteur des faibles, le gardien de l'ordre, le chef de la police ; il avait, à l'armée, le commandement des troupes fournies par l'immuniste ; enfin, à l'occasion des tournées périodiques qu'il faisait dans le domaine, il réunissait les hommes libres

---

(I) Cfr. *Annales de la Fédération archéologique de Belgique*, t. VII, Bruxelles, 1892 (*Congrès de Bruxelles*, 1891), pp. 288-291 et 323-326.

aux plaids généraux, où il présidait à l'exercice de la justice
et exécutait les jugements au nom du propriétaire.

Il remplaçait donc celui-ci toutes les fois qu'il était nécessaire de faire acte d'autorité; aussi les émoluments qu'il
percevait montrent-ils qu'il avait la souveraineté en partage.
Il avait droit au *servitium* et à l'*hospitium* ou droit de gîte,
dons gracieux auxquels étaient astreints les *hommes* envers
le puissant qui les avait pris sous sa protection; et, de plus,
il prélevait à son profit une partie des revenus de justice.

Comme l'avoué devait avoir ses possessions dans le
voisinage du monastère, sa charge devint héréditaire par la
force même des choses. C'est ainsi que, à la faveur des
évènements politiques qui prêtaient aux abus, l'avouerie put
être transportée dans la féodalité, et le domaine ecclésiastique fut considéré comme une annexe au patrimoine du
titulaire.

Si une aristocratie puissante avait pu, sous Charles
Martel, exiger pour récompense de sa fidélité les dépouilles
des églises, quel sort attendait donc celles-ci après la mort
de Charlemagne? Le génie militaire de l'Empereur avait su,
par des expéditions mémorables, diriger l'ardeur belliqueuse
des grands contre les ennemis de l'empire. Mais ses descendants, divisés par des querelles intestines, s'épuisèrent en
des luttes fratricides dont les puissants retirèrent tout le
profit. Pendant la seconde moitié du ixe siècle, en effet, ils
en furent réduits à combattre l'indépendance de l'aristocratie.

Cette période d'anarchie fut signalée par les plus grands
excès, dont les églises spoliées furent les lamentables victimes, et elle ne permit pas d'opposer une résistance suffi-
sante au flot des invasions normandes, qui renversait villes
et couvents sur son passage, dispersant au loin les religieux
affolés par la terreur.

Après que les puissants conjurés eurent enfin éloigné le
péril par la sanglante victoire de Louvain, en 891, il s'écoula
presque un demi-siècle, pendant lequel les pauvres moines
erraient désolés parmi les ruines de leurs monastères,

cherchant en vain un toit pour abriter l'œuvre de civilisation à laquelle ils s'étaient voués. Cette désorganisation fut
mise à profit par les grands, qui confisquèrent la juridiction
sur les terres monastiques abandonnées. Ainsi l'abbaye de
Saint-Trond, détruite par les Normands vers 880, fut
relevée seulement entre 935 et 940, par les soins de l'empereur Otton le Grand. Elle put recouvrer son ancienne
prospérité grâce à ses seigneurs temporels, les évêques de
Metz, qui assumèrent la charge d'abbé et parvinrent, au prix
de nombreux efforts, à arracher aux usurpateurs les possessions qu'ils avaient enlevées aux religieux.

La transformation que subit la société politique au cours
de cette crise rejaillit sur l'avouerie. Le pouvoir royal,
considérablement amoindri, ne consistait plus qu'en un
prestige moral qui donnait aux souverains la suprématie sur
les grands. Ceux-ci, indépendants dans leurs domaines,
étaient rattachés au trône par les faibles liens de la vassa-
lité, tandis qu'ils avaient dans leur dépendance la foule des
petits seigneurs que le xe siècle vit naître, et qui s'étaient
rangés sous leur tutelle. La féodalité était établie, consa-
crant la répartition de la souveraineté entre les différents
degrés de la noblesse. C'est ainsi qu'il y eut des avoués
supérieurs, qui étaient d'anciens avoués auxquels des circonstances heureuses avaient donné l'hégémonie sur les
autres seigneurs, ou bien de grands feudataires qui furent
investis d'un contrôle sur les autres avoués. Dans cette
dernière catégorie rentrent les hauts avoués de Saint-Trond,
car ils furent chargés d'une mission de haute protection que
les évêques de Metz avaient exercée pendant longtemps.
Quant aux avoués, on les trouve le plus souvent parmi les
seigneurs de moindre importance, qui étaient voisins des
monastères. Ils étaient ordinairement vassaux de l'avoué
supérieur pour leurs domaines et pour l'avouerie; tels les
comtes de Duras, qui avaient comme suzerains les comtes
de Limbourg. Héréditaire dans une famille qui la possédait
en fief indépendant du seigneur temporel, l'avouerie perdit

sa notion primitive de délégation du propriétaire. Elle fut
considérée comme un bien appartenant au titulaire désormais libre d'en disposer à sa guise. Aussi verrons-nous, vers
1065, Frédéric de Lotharingie donner l'avouerie suprême
de Saint-Trond en dot à sa fille, épouse du comte Waleran-
Udon de Limbourg, et, à la fin du XIIe siècle, les comtes
de Duras vendre l'avouerie du même monastère.

L'avouerie féodale, considérée sous le rapport des fonctions et des droits, se confond pour ainsi dire avec la
seigneurie des terres ecclésiastiques. L'avoué défend celles-ci
contre les entreprises d'annexion où des puissants sont
entraînés par leur ambition ; c'est lui qui fait rentrer dans
le devoir les tenanciers et les officiers indélicats ou rebelles ;
c'est lui encore qui maintient l'ordre en châtiant les malfaiteurs condamnés par les tribunaux, et en réprimant les
émeutes ; enfin, dans les abbayes qui ont racheté le service
de l'ost, il fournit lui même le contingent à l'armée impériale moyennant la jouissance d'un bénéfice, comme à
Stavelot. Il est probable qu'il en était de même à Saint-
Trond (1), mais ici, le bénéfice de onze cents manses
semble, en outre, tenir lieu du *servitium*. C'était là, en effet,
une mesure fréquemment employée pour empêcher les avoués
de commettre des exactions. De plus, l'avoué avait une part
dans les revenus de justice.

L'avouerie donnait, à celui qui en était revêtu, une
influence extraordinaire sur les habitants des territoires
monastiques. Aussi ne devons nous pas nous étonner de les
voir, tant par fidélité que par crainte, suivre l'avoué dans les
guerres nombreuses où il était mêlé. Il apparaissait comme
le véritable seigneur, et ses ennemis portaient indifféremment la dévastation et la ruine sur ses propres terres et sur
les dépendances de l'abbaye. Grâce à la sollicitude des
évêques de Metz et de Liége, ainsi qu'à la vigilance des

(1) En rapprochant le prix du rachat du service militaire (1200 manses),
et le benéfice des avoués, on est tenté d'identifier les deux choses.

abbés, le monastère de Saint-Trond fut une des communautés qui eurent le moins à souffrir de la domination des
avoués. Jusqu'au milieu du XIe siècle, les princes-évêques de
Metz s'occupèrent activement des affaires temporelles de ce
couvent, et leur intervention continuelle permit à la coutume
de maintenir les droits des avoués dans de justes limites.
Ce n'est qu'en 1065, quand l'évêque Albéron III eut donné
l'avouerie suprême à son frère Frédéric, duc de Lotharingie,
que se fit sentir la nécessité de fixer par écrit les attributions
des avoués. Les dispositions contenues dans la charte de
l'évêque de Metz, renouvelées plusieurs fois dans la suite,
restèrent le règlement de l'avouerie de Saint-Trond.

Malgré ces précautions, l'abbaye courut un danger
extrême à la fin du XIe siècle, et dans les premières années
du XIIe, quand les avoués s'efforcèrent, par tous les moyens,
de mettre à sa tête le simoniaque Herman et de confisquer
ainsi son indépendance. Mais leurs violentes tentatives
échouèrent devant la résistance courageuse des moines,
auxquels l'irascible Gislebert de Duras, jusqu'à sa mort,
fit sentir cruellement le poids de sa rancune. C'est d'ailleurs
l'époque où les avoués sont à l'apogée de leur puissance
comme seigneurs féodaux. Continuellement en guerre, ils
semblent ne se souvenir de leur mission que pour exiger
des sacrifices ruineux de leurs protégés, et pour se livrer à
un brigandage effréné sur les terres ecclésiastiques. Quant
à leurs fonctions, spécialement en ce qui regarde la justice,
ils les distribuent en fief aux *milites* ou chevaliers, petits
seigneurs dont ils récompensent ainsi la fidélité à les suivre
dans leurs expéditions militaires.

Ces derniers sont pour la plupart d'anciens officiers domaniaux, comme les *villici*, qui, dans le mouvement ascendant
du peuple vers la liberté, ont conservé, sur les populations
affranchies, une supériorité qui les a classés au dernier
échelon de la noblesse sous le nom de chevaliers. L'agran-
dissement des domaines, qui rendait presque impossible
l'exercice de la justice ambulante, et la fixité du droit qui

groupait les habitants libres sous la juridiction des cours
échevinales, devaient leur donner une grande importance.
Car, si leur condition de *ministeriales* les empêchait, à
l'origine, de participer à la justice criminelle, il n'en fut plus
de même à une époque plus rapprochée de nous. Vassaux de
l'abbé et relevant de la cour féodale, ils furent, en qualité
de mayeurs, écoutètes et avoués locaux, de précieux auxi-
liaires, et même les représentants de celui-ci dans son
administration et dans l'exercice de la justice. Grâce aux
progrès de la civilisation qui rendaient les hommes libres
conscients de leurs droits, grâce aussi à la fixité des
coutumes qui déterminaient soigneusement les pouvoirs du
seigneur et les devoirs de ses sujets, la justice n'était plus
arbitraire. Chacun pouvait défendre sa cause, ou confier
ses intérêts à un de ces officiers, et, le cas échéant, en
appeler à une juridiction supérieure. Cette faculté de plaider
et de représenter un tiers devant les tribunaux s'appelait
advocatio.

La chute de l'avouerie au rang de simple fonction
judiciaire était due aux circonstances qui avaient permis à
l'abbé d'exercer personnellement la seigneurie sur son territoire.

Par le rachat d'avoueries particulières, comme celles
d'Aalburg et d'Helchteren, les abbés de Saint-Trond purent
soustraire une partie de leurs possessions à l'ingérence des
seigneurs. Quant aux avoués, ils étaient beaucoup plus
préoccupés des luttes politiques où leurs intérêts étaient
en jeu, que de la sécurité des monastères. A Saint-Trond,
cette relâche apparut de plus en plus au XIII⁰ siècle, alors
que les princes-évêques de Liége, devenus seigneurs d'une
partie de la ville de Saint-Trond, furent en rapports très
étroits avec l'abbaye. La ville, érigée en commune après
des concessions que les bourgeois arrachèrent lentement aux
prélats liégeois, jouit d'une autonomie assez forte pour se
passer de la protection des avoués. Le plat pays, de son
côté, prospérait, grâce à l'organisation qui le plaçait exclu-

sivement sous l'autorité de l'abbé, comme en fait foi l'acte par lequel Charles IV reconnut celui-ci maître absolu dans son territoire.

D'ailleurs, la disparition des petits fiefs dont les possesseurs avaient, en qualité d'avoués, tyrannisé les domaines ecclésiastiques, laissait à l'abbé une liberté d'allures de plus en plus grande. En effet, la seigneurie de Duras, en changeant de possesseurs, transporta l'avouerie de Saint-Trond aux mains des comtes de Looz, puis des évêques de Liége à partir de 1365. On peut dire que c'est la fin de l'avouerie, car, dès ce moment, elle se confondit avec la protection dont bénéficiait indifféremment toute la principauté.

D'autre part, l'avouerie suprême, si nécessaire autrefois pour enrayer les tentatives de despotisme des avoués, ne consistait plus qu'en des marques de bienveillance de la part des grands feudataires. Ceux-ci, après avoir consolidé leur puissance par l'absorption des seigneuries féodales, avaient vu leur supériorité territoriale, sorte de pouvoir absolu sur leurs domaines, reconnue par les empereurs (1). Ce mouvement centralisateur, en supprimant les fiefs de moindre importance, comme les comtés de Duras et de Looz, faisait, par là même, disparaître la cause de ces innombrables querelles locales qui entretenaient un état permanent d'anarchie et vouaient les biens ecclésiastiques à la tyrannie odieuse de leurs avoués.

* *

Il nous reste à caractériser brièvement l'influence qu'eut l'avouerie sur la vie intérieure des domaines ecclésiastiques. Au milieu des époques les plus troublées, l'avouerie était le signe sensible de la protection royale, qui garantissait à l'intégrité des biens l'autonomie accordée par l'immunité. Le territoire privilégié jouissait ainsi d'une atmosphère de profonde sécurité, dans laquelle vivaient paisiblement les

---

(1) POULLET, *Histoire politique nationale*, t. I, n° 406 .

hommes libres et les serfs innombrables qui composaient la
familia du saint patron. Dans l'exercice de ses pouvoirs,
l'abbé s'appuyait fermement sur le bras de l'avoué, et, sous
cette direction paternelle et forte, la prospérité était le
partage des sujets de l'abbaye.

Aussi le domaine s'accroissait-il rapidement par les donations nombreuses, dont les avoués offraient eux-mêmes le
généreux exemple. Grâce à la vigilance active de ceux ci,
on pouvait circuler en sûreté sur les terres ecclésiastiques,
et les chemins, libres de tout brigandage, étaient fréquentés
par la foule confiante des fidèles qui allaient visiter le
tombeau du saint patron. Les marchands s'y engageaient
sans crainte, introduisant ainsi le commerce et l'industrie,
sources de nouvelles richesses, et donnant aux foires un
éclat et un mouvement inaccoutumés.

Cet heureux concours de circonstances enlevait aux religieux les soucis matériels qui auraient pu les distraire de
leur mission civilisatrice. Ils purent s'adonner entièrement
à l'étude, et propager l'instruction autour d'eux, tandis que
leur sollicitude pour le bien-être moral et matériel des populations se manifestait de toutes façons.

Même à l'époque féodale, quand la puissance des avoués
devint inquiétante pour l'indépendance des monastères, les
inconvénients que présentait l'avouerie eurent un bon résultat en beaucoup d'endroits. Ainsi, à Saint-Trond, leurs tra-
casseries criminelles firent entrevoir aux moines la cruelle
servitude qui les attendait, s'ils avaient cédé à leur prétention
de disposer de l'abbatiat en faveur de prélats entachés de
simonie. Par une noble et courageuse résistance, les religieux s'affranchirent à jamais de cette tyrannie, et prépa-
rèrent indirectement l'émancipation des habitants de leur
domaine. Car les abbés furent amenés à s'occuper intimement
de l'administration, et leurs tenanciers, qui s'étaient rapidement affranchis, recouraient à eux de préférence. C'est
ainsi que s'accrut l'importance des cours échevinales, d'où
les avoués étaient écartés, sauf aux trois plaids généraux,

et auprès desquelles ils furent remplacés par des officiers de l'abbé. Cette forte organisation, dont l'abbé était le centre, porta les meilleurs fruits sous la haute protection des grands princes territoriaux.

Elle était d'ailleurs un peu l'œuvre de l'avoué. En effet, en conduisant les milices de l'abbaye dans ses expéditions guerrières, il apprit aux bourgeois qu'ils étaient une force, et il les mit en relations avec les autres villes. De la sorte, il contribua indirectement à les faire entrer dans le mouvement communal. Quant au plat pays, il lui échappait insensiblement. Les exactions de l'avoué forcèrent les habitants à se rappocher du propriétaire, et elles établirent des rapports plus étroits entre celui-ci et les grands feudataires. C'est ainsi que se préparait l'autonomie des domaines ecclésiastiques, grâce à laquelle le seigneur exerçait ses pouvoirs sans être obligé de recourir à ses avoués.

Malgré les graves inconvénients qu'elle présenta surtout à l'époque féodale, l'avouerie ne laisse pas, considérée dans toute sa durée, d'avoir été une institution très utile à la prospérité matérielle des églises. Le principe de protection, qui était à sa base, continua d'exercer son influence bienfaisante grâce aux puissants qui, en concentrant tous les pouvoirs entre leurs mains, s'étaient constitués les gardiens de la paix publique.

APPENDICES.

I. LISTE DES AVOUÉS DE SAINT-TROND (1).

1° Avoués supérieurs.

Frédéric, duc de Basse Lotharingie, an. 1060 et 1065. (Cfr. *Pièces justificatives*, I).

Waleran-Udon, comte de Limbourg, an. 1065. (*Ibidem*).

Henri I, duc de Lotharingie et comte de Limbourg (1082-1119). (*Cartulaire de Saint-Trond*, t. I, p. 29 ; *Gesta abbatum trudonensium*, *Gesta Rodulfi*, l. V, nos 3, 4 ; l. VI, n° 9 ; l. IX, nos 16, 31).

Waleran II, Païen, comte de Limbourg, duc de Lotharingie (1119-1139). (*Cartulaire de Saint-Trond*, t. I, p. 41 ; *Gesta abb. trud.*, *Gesta Rodulfi*, l. IX, nos 10, 11 ; l. XII, n° 8).

Henri II, comte de Limbourg, an. 1146. (*Cartulaire de Saint-Trond*, t I, p. 69).

Henri III, comte de Limbourg, an. 1176. (Cfr. *Pièces justificatives*, IV).

Henri I, duc de Brabant, an. 1190. (*Cartulaire de Saint-Trond*, t. I, p. 150).

Henri III, duc de Brabant, an. 1243. (*Ibidem*, t. I, 213).

Jean III, duc de Brabant, an. 1316, 1326. (*Ibidem*, t. I, pp. 445, 462, 463).

Wenceslas, duc de Brabant, an. 1356. (*Ibidem*, t. I, p. 536).

2°-Avoués.

Rotfride, an. 927-964. (*Cartulaire de Saint-Trond*, t. I, p. 6).

Ruotbert, an. 956. (*Ibidem*, t. I, p. 10).

Werinerus, an. 959. (*Ibidem*, t. I, p. 11, 12) (2).

---

(1) Cette nomenclature mentionne seulement les avoués dont nous avons rencontré le nom dans les documents.

(2) Il nous a été impossible de savoir à quel titre ces seigneurs sont avoués de Saint-Trond.

Comtes de Duras.

GISLEBERT, an. 1006, 1007 (ou 1023) et 1023. *(Cartulaire de Saint-Trond*, t. I, p. 14, 15).

OTTON (1055 à 1088). *(Ibidem*, t. I, pp. 16, 17, 19, 20, 21, 23, 25, 26, 47; *Gesta abb. trud.*, *Gesta Rodulfi*, l. IV, n° 9, l. IX, n° 32).

GISLEBERT (1088 à 1136). *(Cartulaire de Saint-Trond*, t. I, pp. 27, 29, 33, 37, 40, 41; *Gesta abb. trud.*, *Gesta Rodulfi*, l. VI, n° 9; l. IX, nos 9, 16, 18; l. X, nos 10, 12, 16; l. XI, nos 3, 4, 6, 12; l. XII, nos 1, 2, 15).

OTTON (1136-1146). *(Cartulaire de Saint-Trond*, t. I, pp. 56, 61, 63, 68, 70).

GODEFROID, an. 1146. *(Cartulaire de Saint-Trond*, t. I, p. 68).

GILLES, c. 1170-1180. *(Gesta abb. trud.*, *Continuatio* 2ª, *Gesta Wirici*; Mantelius, *Hist. loss.*, p. 81).

CONON, c. 1180-1190. (Mantelius, *Histor. lossensis*, p. 82).

Comtes de Looz et de Duras.

GÉRARD, an. 1190. *(Cartulaire de Saint-Trond*, t. I, p. 150).

LOUIS, an. 1193-1222. *(Ibidem*, t. I, p. 157).

ARNOULD IV, an. 1245, 1256. *(Ibidem*, t. I, p. 217; *Le Livre de l'abbé Guillaume*, p. 340).

JEAN, an. 1268, *(Cartulaire de Saint-Trond*, t, I, p. 338).

ARNOULD V, an. 1292, 1294. *(Ibidem*, t. I, p. 395).

LOUIS, an. 1326. *(Ibidem*, t. I, p. 463).

ARNOULD DE RUMMEN. an. 1362. (DARIS, *Histoire de Looz*, t. 1. pp. 558, 562).

ENGLEBERT, évêque de Liége, an. 1363. *(Bulletin de l'Institut archéol. liégeois*, t. V, p. 116).

JEAN D'ARCKEL, évêque de Liége, an. 1363-1374. *(Ibidem*, t. V, p. 117; *Cartulaire de Saint-Trond*, t. II, p. 66).

3° AVOUÉS LOCAUX.

Ville de Saint-Trond.

CHRÉTIEN, 1227-1254. *(Cartulaire de Saint-Trond*, t. I, pp. 186, 194, 203, 210, 212, 258; *Le Livre de l'abbé Guillaume*, pp. 179, 181, 186, 187, 195-196, 360, 370).

CONON DE HEERE, an. 1242. (Miracus, *Diplomata belgica*, t. IV, p. 537).

Aalburg

FLORENT II, comte de Hollande, an. 1108. *(Cartulaire de Saint-Trond,* t. I, p. 34).

THIERRY II, comte de Hollande, an. 1131. *(Ibidem,* t. I, p. 43).

GUILLAUME, roi des Romains et comte de Hollande, 1250-1255. *(Ibidem,* t. I, pp. 250, 251 ; *Le Livre de l'abbé Guillaume,* p. 348).

FLORENT V, comte de Hollande, an. 1257. *(Cartulaire de Saint-Trond,* t. I, p. 281).

GUILLAUME DE RYCKEL, abbé de Saint-Trond, en 1250, 1255. *(Ibidem,* t. I, pp. 251, 267 ; *Le Livre de l'abbé Guillaume,* p. 348).

THIERRY, an. 1255-1265. *(Le Livre de l'abbé Guillaume,* pp. 165, 166, 175, 176).

JEAN, an. 1278. *(Cartulaire de Saint-Trond,* t. l, p. 348).

ROBERT, abbé de Saint-Trond, an. 1383. *(Gesta abb. trud., Contin.* 3ª, *Gesta Roberti,* n° 3).

Asbroek près de Meer.

ADÉLAÏDE, an. 1245. *(Cartulaire de Saint-Trond,* t. I, p. 216).

Briedel.

NICOLAS et UDON, an. 1154. *(Cartulaire de Saint-Trond,* t. I, pp. 86, 88).

Haelen.

ARNOULD DE VELPEN, an. 1160-1177 ; BERNARD, sous-avoué. *(Ibidem,* t. I, pp. 95, 96, 111, 131).

HENRI DE VELDEKE, an. 1243. *(Ibidem,* t. I, p. 212).

Halmael.

LOUIS, comte de Looz, an. 1147, 1155 ; et JORDANUS, an. 1147, 1155. *(Ibidem,* t. l, p. 75) ; GUILLAUME, an. 1261-1262. *(Le Livre de l'abbé Guillaume,* p. 209).

Helchteren.

ARNOULD DE LOOZ, an. 1256 à 1282. *(Cartulaire de Saint-Trond,* t. I, pp. 301, 354, 356, 362 ; *Le Livre de l'abbé Guillaume,* p. 315).

GÉRARD et GUILLAUME DE BUYCHT, an. 1256, 1261. *(Cartulaire de Saint-Trond,* t. I, p. 301 ; *Le Livre de l'abbé Guillaume,* p. 209, 315).

EUSTACHE DE HAMAL, an. 1282, *(Cartulaire de Saint-Trond,* t. I, pp. 354, 356, 357).

L'ABBÉ DE SAINT-TROND, après 1282. *(Ibidem,* t. I, pp. 354, 362).

Halebranshovel.

JEAN I, duc de Brabant, an. 1292. (*Ibidem*, t. I, p. 392).

ARNOULD DE DIEST, an. 1292. *(Ibidem*, t. I, p. 390).

Hougaerde.

LE COMTE DE LOOZ, an. 1252. (*Le Livre de l'abbé Guillaume*, p. 220).

Oreye.

ENKINUS DE GOTHEM, an. 1262. (*Le Livre de l'abbé Guillaume*, p.50).

Oirsbeek.

THIERRY, avoué de Ruremonde, an. 1243. *(Cartulaire de Saint-Trond*, t. I, p. 214).

Pommern.

RODOLPHE, chevalier, an. 1252. *(Le Livre de l'abbé Guillaume*, pp. 80 et suiv.).

Provin.

ULARDUS, an. 1146. (*Cartulaire de Saint-Trond*, t. I, p. 73).

Schaffen.

LES SEIGNEURS DE DIEST, an. 1249-1272; 1253. (*Le Livre de l'abbé Guillaume*, pp. 208, 218).

Seny.

GÉRARD DE LUXEMBOURG, seigneur de Durbuy, an. 1255-1259. (*Le Livre de l'abbé Guillaume*, p. 214).

Villers le Peuplier.

MAÎTRE DANIEL, PUIS LES DUCS DE BRABANT, an. 1253. BAUDOUIN DE THORENBUS, c. 1250. *(Le Livre de l'abbé Guillaume*, pp. 218-219, 225).

Webbecom.

ARNOULD DE VELPEN, an. 1160-1166. *(Cartulaire de Saint-Trond*, t. I, pp. 95, 110).

HENRI I, DUC DE BRABANT, et ARNOULD DE DIEST, an. 1213. (Saint Genois, *Avoueries*, p. 213; *Chronicon Diestense*, éd. Raymaekers, Cfr. *CRH.*, 3ᵉ série, t. II (1861), pp. 395 ss.

AVOUÉS DONT ON NE CONNAIT QUE LE NOM.

DRUGO, an. 1006 1023. (*Cartulaire de Saint-Trond*, t I, p. 14).

RENIER (fils de Gislebert de Duras?), an. 1055, 1060 et 1100? *(Ibidem*, t. I, p. 16, 20; *Gesta abb. trud.*, *Gesta Rodulfi*, l. IX, nᵒ 25).

RENIER DE BUDINGEN, an. 1080. *(Cartulaire de Saint-Trond*, t. I, pp. 25, 26).

ARNOULD, chevalier, c. 1108-1138. (*Gesta abb. trudon.*, *Gesta Rodulfi*, l. IX, nᵒ 21).

II. PIÈCES JUSTIFICATIVES

(publiées avec la collaboration de M. E. Vander Mynsbrugge).

———

Il nous a paru utile d'annexer à cette étude les principaux documents concernant les avoués de Saint-Trond. Le lecteur y trouvera les attributions les plus importantes et les droits des avoués aux divers degrés de la hiérarchie, attestés par des documents authentiques à des époques déterminées ; ce qui lui donnera une connaissance plus concrète et une vision plus vive de la réalité historique à la fois et lui permettra d'apprécier facilement la méthode critique que nous avons employée.

Tous les documents qui vont suivre ont déjà été publiés maintefois avant l'apparition du présent ouvrage; mais le texte édité en est souvent corrompu et presque toujours dépourvu d'un appareil critique permettant d'en apprécier la valeur scientifique. C'est pourquoi nous avons eu recours à la tradition manuscrite de ces textes parvenue à notre connaissance, nous l'avons examinée avec beaucoup de soin et, en l'absence de l'original, nous avons essayé d'en reconstituer l'archétype.

Les quatre derniers documents sont ici publiés d'après les originaux du chartrier de l'abbaye de Saint-Trond, reposant aux Archives du Royaume à Bruxelles. Les trois premiers, au contraire, sont publiés d'après des copies. De tous ces actes, d'ailleurs, nous indiquons la tradition manuscrite complète, sous quelque forme qu'elle se présente. Les copies que nous connaissons, sont contenues, soit dans des vidimus ou des actes confirmatifs faisant partie du même chartrier ou de celui de l'église Saint-Lambert de Liége, soit dans des cartulaires de l'abbaye de Saint-Trond reposant au dépôt des archives de l'État à Hasselt ou à la bibliothèque de l'Université de Liége, soit enfin dans plusieurs manuscrits des Gesta Abbatum Trudonensium reposant à la bibliothèque royale à Bruxelles, à la bibliothèque de l'arsenal à Paris, ou ailleurs. Afin d'éviter des répétitions inutiles, nous grouperons ici les renseignements critiques généraux nécessaires pour l'intelligence du lecteur, d'après les études de M. Charles Piot concernant les cartulaires (1), et de M. R. Köpke concernant les Gesta (2), en les complétant d'observations personnelles placées entre crochets [ ].

1. Cartulaires de l'abbaye de Saint-Trond.

A. — *Cartulaire in-8° sur parchemin de 121 feuillets cotés en chiffres romains, ou 244 pages cotées en chiffres arabes. — Il a été écrit au XIIIᵉ siècle, avec très peu de soin, par trois ou quatre mains différentes, et contient des actes de 968 à 1262. — Hasselt, Archives de l'État, n° 6678⁵.*

B-C. — *Cartulaire en deux volumes grand in-folio sur parchemin de 304 et 373 feuillets cotés en chiffres romains, intitulé :* Registrum stipale monasterii Sancti Trudonis, ordinis Sancti Benedicti, de juribus, dominiis et bonis monasterium concernentibus. *Il a été écrit d'une même main, au XVIIᵉ siècle (3), et chaque acte a été authentiqué en 1696 par le notaire Loeyens et le plus souvent aussi par les notaires Jean Winde et Arn. Moërs. Ils ont eu soin d'ajouter si l'acte a été collationné sur l'original, sur une copie volante ou sur un registre. — Ibidem, nᵒˢ 6678⁷⁻⁸.*

H. — *Cartulaire petit in-folio sur papier, de 186 feuillets, [cotés en chiffres arabes. Il a été écrit, sans doute, au XVIᵉ et au XVIIᵉ siècle, par plusieurs mains. Les actes écrits par la première main*

---

(1) *Cartulaire de l'abbaye de Saint-Trond,* éd. Piot. *(Chroniques belges inedites p. p. la CRH. de Belgique).* Bruxelles, 1870-1874, in-4°, tome II. Introduction.

(2) *Gesta Abbatum Trudonensium,* éd. R. Köpke. Hannoverae, 1852, in-fol. MGH. SS., t. X, pp. 225-227.

(3) Nous croyons que M. Piot a eu tort de ne pas l'attribuer au XVIᵉ siècle. Cfr. H.

ont été authentiqués par les notaires Du Pré et Gestel, s. d., ceux écrits par la dernière main ont été recueillis par Adam van Vorssen, juris utriusque doctor, en 1640. Ceux que nous reproduisons, ont été copiés sur le cartulaire B-C|. — Ibidem, n° 6678⁶.

D. — *Cartulaire in-4° sur parchemin de 171 feuillets cotés en chiffres romains ou 348 pages cotées en chiffres arabes. — Il a été écrit au XIVᵉ siècle, par une main très soigneuse, donne le texte le plus correct et contient des actes de 741 à 1367. Quelques actes ont été authentiqués par le notaire Arn. Moërs en 1696. — Liège, Bibliothèque de l'Université. Manuscrit 27.*

[K. *Polyptique et comptes de l'abbaye de Saint-Trond, in-8°, sur parchemin, de 118 feuillets cotés en chiffres arabes, intitulé :* Liber Sancti Trudonis. *Il a été écrit par Guillaume de Ryckel, abbé de Saint-Trond, au XIIIᵉ siècle, et contient des annotations de recettes et de dépenses, des descriptions de biens et de revenus, des listes de fermiers et de censitaires, des consignations de droits de toutes sortes, des comptes-rendus de procès, ainsi que le texte complet ou partiel de quelques chartes (1). — Ibidem, manuscrit 268 (ancien 282)].*

2. Gesta Abbatum Trudonensium.

1. *Manuscrit en parchemin du XIIᵉ siècle ; — Malines, Bibliothèque du vicaire général Cortens.*

1*. *Manuscrit en parchemin de la fin du XIIᵉ siècle, intitulé :* Gesta abbatum Trudonensium, *qui se rattache de très près au* 1 ; — *Bruxelles, Bibliothèque Royale, n° 18181.*

1*a. *Manuscrit en papier, de l'année 1479. — Paris, Bibliothèque de l'Arsenal, Historiens latins, n° 35.*

1*b. *Manuscrit en papier du XVIᵉ siècle, intitulé :* Chronicon abbatiae S. Trudonis manuscriptum. — *Bruxelles, Bibliothèque Royale, n°ˢ 16607-16608.*

1*c. *Manuscrit en papier du XVIIIᵉ siècle. — Ibidem, n° 14965.*

[1*d. *Manuscrit en papier du premier quart du XVIIᵉ siècle. — Ibidem, n°ˢ 7647-7651.*]

Nous n'avons pas pu retrouver les traces du Gesta 1, que M. R. Köpke a eu jadis en communication par l'intermédiaire de

(1) Cfr. *Le Livre de l'abbé Guillaume de Ryckel* (1249-1272), éd. Henri Pirenne, Bruxelles, 1896, in-8°, p. XXIX et ss., auquel nous avons emprunté, presqu'entièrement en propres termes, les renseignements qui concernent ce manuscrit.

Mgr de Ram ; *il nous a été impossible également de faire le voyage à Paris pour consulter le Gesta* 1*a.

*
* *

Il nous faut encore donner quelques renseignements sur notre édition de ces textes.

Dans l'indication des variantes, nous ne mentionnons les manuscrits dérivés d'un de ceux que nous utilisons, que si le fait stipulé a un intérêt diplomatique pour la filiation des éditions. — Si un cartulaire contient deux copies d'un même acte, nous les indiquons chacune séparément par un exposant joint à la lettre qui le désigne. — Les deux traits horizontaux =, qui relient les différents manuscrits ou les éditions, en indiquent la filiation : quand ils en relient consécutivement deux, ou trois, ou plus, cela veut dire que le premier a directement servi de modèle à chacun des subséquents. — La lettre minuscule mise entre parenthèses à la fin de la mention d'un texte, sert à désigner ce texte d'une façon brève dans l'indication des copies manuscrites ou imprimées qui en dérivent. — Enfin, nous avons rangé les recensions manuscrites et imprimées de chaque texte dans l'ordre de leur valeur respective de correction, commençant par les meilleures et finissant par les moins bonnes. Si cette règle n'est peut-être pas appliquée avec la dernière rigueur, du moins n'y a-t-on dérogé que contraint et forcé par le besoin plus impérieux d'indiquer la filiation de ces mêmes recensions, et la dérogation n'a-t-elle eu lieu que si une recension, sans être aussi corrompue qu'une autre, occupe cependant un degré plus éloigné de dérivation qu'elle.

Au début de cette étude nous avons déjà exprimé notre gratitude à M. Van der Mynsbrugge. Nous tenons à réitérer l'expression de ces sentiments de reconnaissance ; car il s'est donné les plus grandes peines pour établir le texte critique des pièces que nous publions : cette partie de notre mémoire est son œuvre autant que la nôtre.

I.

Albéron III, évêque de Metz, qui avait terminé le différend survenu entre Frédéric, duc de Lothier, et l'abbé de Saint-Trond, au sujet de l'avouerie de cette localité, refait la même enquête quand Udon a succédé à Frédéric, et confirme sa première sentence.

Saarbrük, 1065.

Original *perdu* (a).

Copies.— (a) = *Confirmation par Henri de Gueldre, évêque élu de Liége, du mois de novembre* 1236 ; Bruxelles, Archives du Royaume, Chartrier de l'abbaye de Saint-Trond, s. n° (b). = *Cartulaire B¹,* f^{is} xx^{ro}-xxi (c^1). — *Cartul. D*, f^o l, p. 10, (d). — *Cartul. A,* pp. 29-31 (e). — (b) = *Cartul. B^2*, f^o xxi et xxi^{ro} (c^2). — (c^1)= *Cartul. H^1*, f^{is} 70-71. — (c^2) = *Cartul. H^2*, f^{is} 71-72. — *Gesta* 1, f^o... (f) = *Gesta* 1*, pp. 221-223 (g). — (g) = *Gesta* 1*a f^o... = *Gesta* 1*b, pp. 393-395. = *Gesta* 1*c, pp. 254-258 = *Gesta* 1.*d, f^{is} 209 v°- 210 v° (h).

ÉDITIONS. — (b+d) = *Cartulaire de l'abbaye de Saint-Trond*, éd. CHARLES PIOT, Bruxelles, 1870(-1874), t. I, n^o xvi, p. 22-23. — (f) = *Gesta abbatum Trudonensium*, éd. R. KÖPKE, Hannoverae, 1852, in-f^o, MGH. SS. t. X, p. 325 (i). — (i) = *Idem*, éd. MIGNE, Patrologie latine, Paris, 1854, t. CLXXIII, col. 209-211. = *Chronique de l'abbaye de Saint-Trond*, éd. C. DE BORMAN, Liége, 1877, in-8°, t. I, pp. 265-267. — (h) = A. MIRAEUS, *Codex donationum piarum.* Bruxellis, 1624, in-8°, pp. 176-178 (k). — (k) = A. DU CHESNE, *Histoire des maisons (de Dreux, de Bar-le-Duc) de Luxembourg et de Limbourg*, Paris, 1631, in-f^o. Preuves, pp. 19-20. = MEURISE, *Histoire des évéques de l'Église de Metz*, 1634, pp. 364-365. (l). — A. MIRAEUS, *Notitia ecclesiarum Belgii*, Antverpiae, 1630, in-4°, pp. 172-173. — MANTELIUS, *Historiae Lossensis libri decem.* Leodii, 1717, in-4°,. pp. 57-58. — MIRAEUS et FOPPENS, *Opera diplomatica et historica*, Bruxellis, 1723, in-f^o, t. I, pp. 62-63. (m) — (m) = DOM CALMET, *Histoire de Lorraine,* Nancy, 1728, in-f^o, t. I, Preuves, pp. 452-433, = J. WOLTERS, *Notice historique sur l'ancien comté de Duras en Hesbaie*, Gand, 1855, in-8°, n° 3, pp. 79-81. — (l) = BERTHOLET, *Histoire du duché de Luxembourg.* Luxembourg, 1742, in-8°, t. III, Preuves, pp. xxix-xxx. — ERNST, *Histoire du Limbourg*, Liége, 1838, in-8°, t. II, pp. 57-58. (très incomplet).

L'acte confirmatif de 1256 et les cartulaires nous ont conservé une leçon relativement fidèle de ce document. Si l'on fait abstraction des deux derniers mots, qui manquent dans A — le dernier manque aussi dans l'acte de 1256 —, toutes les variantes portent sur l'orthographe des mots, et elles ne sont jamais si graves qu'elles altèrent l'identité du mot original. C'est l'emploi de la lettre e au lieu et en place de la diphthongue ae du latin classique, de la lettre t au lieu de c (sifflantes), de la lettre i au lieu de y, du mot dominus au lieu de domnus, et autres du même genre. Il faut noter aussi que l'acte confirmatif de 1256 et les cartulaires A et B rendent le monogramme

*d'*Adelbero *dans sa forme originale, — quoique pas toujours avec
une entière fidélité —, que la reproduction imparfaite qu'en donne
D semble prouver que le copiste ne l'a pas compris, enfin, que toute
la souscription a été inscrite dans le cartulaire A, au bas de la page
où finit l'acte, par une main postérieure qui semble cependant appar-
tenir encore au XIIIe siècle. On peut donc dire, en somme, qu'on est
en présence d'un bon texte. — Tout autre est le cas de celui fourni
par les Gesta. On y trouve la double graphie* ę (1*, 1*b, 1*d) *et* ae
(1*c) ; *l'emploi indifférent de* t *et* c (*sifflantes*)*, de* domnus *et* dominus;
*ce qui, à vrai dire, n'est pas grave, et même rappelle quelquefois heu-
reusemeñt l'original. Mais ce qui est plus important, c'est que le nom
de lieu* Sarebrucca *est toujours remplacé par celui de* Salembrucca,
— ou Salemburca, (1*d), *— et le mot* abbatem (p. 120, l. 13) *par*
abbates ; *bien plus, tandis que l'adverbe* omnino (p. 121, l. 1re) *et
la préposition* ab (p. 121, l. 12) *manquent, quelques mots, écrits
en interligne ou en marge de* 1* *par une main postérieure, ont été
interpolés dans le texte de tous les manuscrits qui en dérivent.*
C'est quartus *après* Adelbero (p.120, l. 9) *et* Lotharingię seu Mosellanorum *entre* ducem *et* Fridericum (p.120, l.12). *Enfin les noms des
témoins sont assez maltraités. — Toutes les éditions, sauf celle de
Piot, ont été faites d'après une leçon quelconque du Gesta. Et, sauf
celles de R. Köpke et de C. de Borman, toutes se rattachent à une
leçon dérivée de* 1*. *En effet, toutes contiennent, au moins en partie,
les mots interpolés ou les signalent comme tels en note ; et dans ce
dernier cas on s'est basé, pour les rejeter, non sur un manuscrit,
mais sur le fait que Frédéric, frère de l'évêque Albéron III de Metz,
ne fut jamais duc de la Mosellane, qu'il fut, au contraire, duc de la
Basse Lotharingie. Toutes aussi, même celle de Piot, donnent la
graphie* Salembrucca, — Miraeus, 1624, *dit* Salemburca — ; *les
éditions les plus anciennes qui ont servi à presque toutes les éditions
postérieures, orthographient* ę, *et partout, sauf dans Piot, l'adverbe*
omnino (p. 121, l. 1) *manque; chose étonnante, d'autre part, toutes
les éditions antérieures à celle de Köpke, y comprise même celle de
Wolters qui cependant lui est postérieure* (1855),*donnent les graphies*
Sarchinium *ou* Sarcinium *et* abbatem, *alors que tous les manuscrits
du Gesta, sans exception, parvenus à notre connaissance, disent*
Sarchinia *et* abbates. *Puis, sauf Piot, Köpke et de Borman, tous
les éditeurs ont omis, à l'exemple du cartulaire A, les deux derniers
mots du texte, alors que toutes les leçons du Gesta les contiennent.*

Le problème de la filiation des éditions s'en trouve fort compliqué; d'autant plus que la tradition manuscrite utilisée n'est avouée que par Piot — qui devrait répondre encore de Salembrucca *—, par Köpke et de Borman. Néanmoins, l'ensemble du texte et surtout les graphies* Salemburca *et* Thetfridi, *de la première édition de Miraeus,* 1624 *— et non pas de la seconde,* 1630 *— nous ont permis de la rattacher au Gesta* 1*d, *comme à la seule leçon manuscrite qui les contienne.*

In nomine Sanctę et Individuę Trinitatis. Ego Adelbero[a], Dei gratia Methensis[b] episcopus. Notum esse volumus omnibus nos in villam sancti Trudonis, quę Sarchinia (1) dicitur, venisse et ob contentionem inter germanum meum ducem[c] Fridericum[d] et abbatem[e] Sancti Trudonis nuper exortam in advocatione ejusdem loci, quam eidem fratri meo dederam in beneficio, consilio fidelium nostrorum usus, quid nostri et advocati juris esset in ipsa villa vel in reliqua abbacia[f] ad nos attinente[g], in presencia[h] ejusdem advocati majores natu consuluisse et super hoc negocio[i] quicquid a majoribus suis didicerunt, vel ipsi ad illud usque tempus[k] tenuerunt, fideliter proferrent, et nec timoris nec amoris gratia in quamlibet partem plus minusve dicendo declinarent. Qui sacramento constricti[l] nominatim protulerunt quasdam curtes esse in ipsa abbacia[m], id est Borlov[n] (2), Lare (3), Mere (4), Wilre (5), Kyrcheym[o] (6), Staden (7), Halmale[p] (8), in quibus nunquam

VARIANTES : *a.* iiii *interpolé en interligne au-dessus d'Adelbero dans* 1* *et* quartus *interpolé dans le texte des quatre manuscrits dérivés de* 1* — *b.* Mettensis, A, B, D *;* Metensis *1*.* — *c. Après ce mot,* Lotharingie seu Mosellanorum *sont interpolés en marge dans* 1* *et dans le texte des quatre manuscrits dérivés de* 1*. — *d.* Fredericum, *1*.* — *e.* abbates, *1*.* — *f.* abbatia, A, B, D, 1*. — *g. Ce mot n'est abrégé que dans* B *et pour le dernier* n *seulement. L'* e *final a été gratté, ce qui fait lire incorrectement* attineret. — *h.* presentia, A, B, D, 1*. — *i.* negotio, 1*. — *k.* usque ad illud tempus. *1.* — *l.* astricti, *1.* — *m.* abbatia, A, B, D, 1*. — *n.* Burlou, A, B, D, 1. — *o.* Kyrcheim, B, D, 1*; Kerheim, A. — *p.* Halemale, A, B, D.

(1) *Sarchinia* ou *Sarchinium*, est l'endroit où fut élevé le monastère de Saint-Trond. C'est actuellement *Zerkingen*, dépendance de la ville de Saint-Trond.

(2) Borloo, province de Limbourg, canton de Saint-Trond.

(3) Laer, province de Liége, canton de Landen.

(4) Meer, dépendance de Halle.

(5) Wilderen, province de Limbourg, canton de Saint-Trond.

(6) Kerkom, province de Limbourg, canton de Saint-Trond.

(7) Stayen, près de Saint-Trond.

(8) Halmael, province de Limbourg, canton de Saint-Trond.

omnino[a] a meis prioribus aliquid juris concessum est advocato,. quia eędem stipendiis adscriptę[b] fratrum, nulli alteri obaudire debent quam preposito et ejusdem monasterii cellerario[c]. In villa autem Sancti Trudonis, vel in reliquis abbacię[d] villis, profèssi sunt ipsi duci (qui, ut dictum est, advocatiam in beneficio tenebat)· sive advocato ab eo constituto, ex tribus generalibus placitis et magno banno, si quis forte infra villam occisus vel vulneratus fuerit, tercium denarium debere assignari, reliquos autem duos vel michi vel abbati. Ceterum testati sunt abbatis vel villici mei esse arbitrii ut legitime[e] et libere quicquid[f] libuerit sine advocato possent placitare, scilicet de terris, de[g] domibus, de alienis uxoribus ducendis, de familiis, nisi grandi forte exigente negocio[h] ab abbate vel ministro meo ad rem discutiendam invitatus fuerit. Hiis[k] ergo ita in prędicta villa inquisitis et absque alicujus contradictione collau- datis, aliquanto tempore transacto, post decessum felicis memorię jamdicti fratris mei, iterum iidem[l] quos[m] prius, in presenciam[n] nostri in castro nostro Sarebrucca[o] (1) venire jussi, pręsente domno Udone[p], fratris mei successore, eandem advocatiam in beneficio a nobis habente, et Ottone[q] subadvocato, eodem modo quo prius admoniti[r], eadem eciam[s], quę antea protulerant tunc utique sunt professi[t]. Quapropter quibusdam fidelibus nostris qui tunc tem- poris nobiscum aderant, consilium prebentibus[u], quorum eciam[a] nomina infra notari jussimus, ne quis hoc postmodum valeat vel audeat infringere, sub cartarum descriptione placuit tam presen- tium quam futurorum memorię commendare. Et ut hoc firmum et inconvulsum habeatur, manu propria illud roboravimus et fidelium nostrorum testimonio[w] roborari fecimus. Actum publice[x] in supradicto castello Sarebucca[y], anno ab incarnatione Domini M. LX. V̊[z], indictione I̊I̊I[aa] regnante Heynrico tertio[bb].

VARIANTES : a. manque dans 1'. — b. asscripte, 1256 ; ascriptę 1'. — c. celle- lario, A. — d. abbatie. A, B, D, 1'. — e. legittime, B. — f. quicquit, D. — g. manque dans D. — h. negotio, D — ι. manque dans 1'. k. His, B, 1'. — l. idem, A, B, D, 1'. — m. qui dans tous les manuscrits ; mais si l'on conserve cette leçon, idem qui sont de pair sujets de jussi, et d'autre part, venire, protulerant et professi sunt en sont privés tous les trois du même chef. ~ n. presentiam, A, B, D, 1'. — o. Salembrucca, 1 ; Solemburca 1'd. — p domino, B. — q. Othone, 1'. — r. ammoniti, 1'. — s. etiam, 1256, A, B, 1'. — t. processi, D. — u. presen- tibus, 1'. — v. etiam, A, B, 1'. — w. testimonium, B. — x. publice, 1'. — y. Salem- brucca 1'; Salembuırca 1'd. — z. M LX quinto, 1256 ; millesimo LX-V, 1'; Millesimo sexagesimo quinto B. — aa. tertia B, D.— bb. ces trois mots manquent, 1256, A, B, D.

(1) Saarbrück.

(*Monogramme :* ADELBERO III) sanctę methensis[a] ecclesię humilis episcopus subscripsit. Domnus[b] Adelbero primicerius. Domnus[b] Deodericus[c] nepos ejus. Domnus[b] Geruoldus archidiaconus. Domnus[b] Odelricus frater ducis Gerardi. Fridericus[d], Heremannus[e], Ricquinus[f], Otto, Bardo, Bernardus, Stephanus, Guntramnus[g], Wigericus, Heremannus[e], Hugo, Geruoldus, Leudoldus, Theodericus[h], Arnulfus, Berengerus, Liedecho[i], Giselbertus[k], Liezecho[l], Adelstein, Wacelinus, Guncelinus. Item Wacelinus. Ego Gislebertus ad vicem domni[m] Tietfridi methensis[o] ecclesię cancellarii [subscripsi][p]. Lambertus[q] Homuncio[r].

Les notaires, qui ont attesté l'authenticité de ce document, au cartulaire B, ajoutent : et appendebat sigillum, collatione facta cum litteris originalibus in pergameno concordat...

Analyses placées en tête de l'acte dans les cartulaires :

A. De jure advocati ecclesie Sancti Trudonis.

B. Littere Adelberonis metensis episcopi de advocatia opidi Sancti Trudonis de data 1065. *Le notaire Loeyens a ajouté en marge* : capsa privilegia I.

D. De jure advocatus* Sancti Trudonis.

Variantes : *a.* Metensis, *B*, *1**. — *b.* Dominus, *B*. — *c.* Theodericus, *1**. — *d.* Fredericus, *1**. — *e.* Herimannus, *D*, *1**. — *f.* Riquinus, *1**. — *g.* Guntrammus, *1256*; Guntrannus, *B*. — *h.* Teodericus, *B*. — *i.* Liedeco, *B*, *D*; Lyedeco, *1**. — *k* Gislebertus, *A*, *1**. — *l.* Lyezeco, *1**. — *m.* domini, *B*. — *n.* Tiecfridi, *1256;* Tetfridi, *B*, *D;* Tyetfridi, *1**, Thetfridi, *1*d*. — *o.* Metensis, *A*, *B*, *D*, *1** — *p. ce mot, qui ne se trouve dans aucun manuscrit parvenu à notre connaissance, a été suppléé par tous les éditeurs du texte complet.* — *q. manque A.* — *r. manque 1256, A ; Homuntio, 1**.

II.

Lettre de Rodolphe, abbé de Saint-Trond, à Waleran II, duc de Limbourg, avoué supérieur du monastère de Saint-Trond, concernant les droits des avoués de cette communauté.

1119-1138

Copies. *Gesta* 1, f° ... (b) = *Gesta* 1*, p. 221 (c). — (c) = *Gesta* 1*a, f° ... = *Gesta* 1*b, pp. 392-393 = *Gesta* 1*c, pp. 253-254 = *Gesta* 1*d, f° 209-209 v° (d) — (d+?) = A. Miraeus, *Codex donationum piarum*, Bruxellis, 1624, in-8°, pp. 173-174 (*avec la date : circa* 1130) (e).

ÉDITIONS. — (b) = *Gesta Abbatum Trudonensium,* éd. R. KÖPKE, Hannoverae, 1852, in-f°, MGH. SS., t. X, pp. 324-325 (f). — (f) = *Idem,* éd. MIGNE, *Patrologie Latine,* Paris, 1854, t. CLXXIII, col. 209. = *Chronique de l'abbaye de Saint-Trond,* éd. C. DE BORMAN, Liége, 1877, in-8°, t. I, p. 265. — (e) = A. DU CHESNE, *Histoire des maisons (de Dreux, de Bar-le-Duc) de Luxembourg et de Limbourg.* Paris, 1631, in-f°. Preuves, p. 57. = MIRAEUS et FOPPENS, *Opera diplomatica et historica.* Bruxellis, 1723, in-f°, t. I, pp. 61-62 (g) — (g) = J. WOLTERS, *Notice historique sur l'ancien comté de Duras en Hesbaie.* Gand, 1855, in-8°, n° 4, pp. 81-82.

Les notes critiques du n° I s'appliquent en partie à celui-ci. Il faut cependant y ajouter que l'édition de Miraeus 1624, tout en paraissant se rattacher au Gesta 1*d, contient encore quelques variantes, dont trois notables parmi d'autres moins importantes, qu'il nous a semblé utile de signaler ici, sans pour cela nous permettre de les introduire dans le texte. A ce titre, nous l'avons placée parmi les copies ayant servi de base à la présente édition.

Glorioso principi et advocato suo majori W[aleramno] abbas R[odulfus] et congregatio Sancti Trudonis fideles orationes et servicium[a].

Quia quęsivistis a nobis, notum vobis facimus breviter dominum nostrum sanctum Trudonem progenitum fuisse de nobiliori stirpe Francorum regum et ducum Austrasiorum, propter amorem Dei reliquisse militiam secularem et angelica revelatione et beati Remacli ammonitione Mettis[b] transisse, et omne patrimonium suum beato prothomartyri Stephano tradidisse, litteras ibi didicisse, multis miraculis ibidem claruisse et usque ad sacerdotis virtutem et scientiam et gradum pervenisse, deinde ad terram nostram reversum cenobium nostrum fundasse. Tanta autem et tot fuerunt prędia sua quę beato prothomartyri Stephano tradidit, ut exceptis his quę domnus Metensis episcopus ad dominicalia sua tenet et milites ejus multi in beneficiis habent, et exceptis his quę ecclesia nostra adhuc possidet, et exceptis multis et magnis quę jam olim ecclesia nostra perdidit — nam inter cetera Bruges in Flandria allodium Sancti Trudonis fuit, ubi et

VARIANTES : *a.* ferventiam *1'd ;* ferventes, *Miraeus 1624.* — *b.* Metas, *Miraeus 1624.*

congregationem LXXX monachorum habuit — exceptis his, inquam, et aliis multis, tot et tanta fuerunt, ut vos habeatis inde in feodo pro advocatia mille et centum mansos, de quibus comes Gislebertus tenet de vobis CĈC, exceptis ecclesiis et servis ad eas[a] pertinentibus et placitiṣ suis et justiciis in abbatia.[b] Et quia tantis allodiis ditavit Sanctus Trudo Metensem ecclesiam, sancti et religiosi pontifices et duces majori libertate donaverunt ecclesiam nostram de advocatis quam aliam aliquam. Misimus igitur vobis quia petistis exemplar cartę[c] nostrę de libertate nostrę ecclesię et de jure vestro in ea, quia[d] noster major advocatus estis.

In nomine Sanctę et individuę Trinitatis. Ego Adelbero, *etc.*, *comme ci-dessus,* n° I.

VARIANTES : — *a.* eam, *1'd*, *Miraeus 1624.* — *b.* in abbatiam, *1'd* ; suis, *Miraeus. 1624.* — *c.* chartę, *1'd*, *Miraeus 1624.* — *d.* qui *1'c.*

III.

Gérard, abbé de Saint-Trond, déclare qu'Ève, fille d'Onulphe, sire de Doa, a fait don de plusieurs de ses serfs en faveur de ce monastère.

1151.

COPIE. *Cartul. A,* pp. 217-218, fº CIX et vº.

ÉDITION. — *Cartul. de l'Abbaye de Saint-Trond,* éd. PIOT, Bruxelles, 1870(-1874), in-4°, t. I, n° LIX, p. 82.

Ce cartulaire étant dégradé, une partie du texte a disparu; elle est ici remplacée par des pointillés ou reconstituée par conjecture; ce dernier cas est signalé par des crochets [ ].

In nomine sancte et individue Trinitatis. Gerardus, Dei gratia abbas Sancti Trudonis. Obla[tiones] que sunt redemptiones animarum cum Ecclesia Dei suscipit, rectores ejusdem Dei ecclesie ..... tenore debent disponere, ut et tradentia memoria in eternum habeatur, et qui ..... justa et rationali dispensatione in posterum prospiciatur. Ea propter notum facimus ..... qualiter Ava, illustris femina, filia domini Onulfi de Doa, ad monasterium ..... [i]psi confessori Christi, presente filio ipsius Heinrico, Walterum molendinarium, ... Hugonem, Tegnonem, Walburgem, cum quatuor pueris, ut eos in posterum ecclesia cum [suc]cessoribus libere possideat, sub annuali censu unius denarii in festo ipsius sancti, in calice [solven]di, et post obitum pro cormude XII. Nec ullam maritandi licentiam querent. Hi nullius [adv]ocati placito vel justicie preter abbatis subjacebunt, excepto si vadia susceperint sive [all]odia acquisierint. Hec ut inconvulsa, firma stabilitate permaneant, presenti scripto memorie fidelium tradidimus et nostre auctoritatis sigillo firmavimus, et testium idoneorum qui interfuerunt nomina subterannotavimus : Egebertus prior, Nicholaus custos, Walterus, Arnulphus, Everardus judex, Ruthardus villicus, Lambertus, Arnulfus, Gonzelinus, Willelmus, Ulricus, Otto, et plures alii. Acta sunt hec anno incarnationis dominice M̊.C LI., indictione XIIII., Rome papa Eugenio, rege Conrado, Leodii presidente Heinrico secundo.

IV.

Henri III de Limbourg, comte d'Arlon, prend des dispositions en vue de prévenir les rapines que le comte de Duras et d'autres avoués commettent dans l'alleu de l'abbaye de Saint-Trond.

24 novembre 1176.

ORIGINAL. — Bruxelles, Archives du Royaume, *Chartrier de l'abbaye de Saint-Trond*, s. n° (a).

COPIES. — (a) = *Confirmation par Henri de Gueldre, évéque élu de Liège, du mois de novembre 1256.* Ibid. s. n° (b), = *Idem*, Liège, Archives de l'État, *Chartrier de l'église Saint-Lambert*, n° 255 (c). = *Cartul. B¹*, f⁽ⁱˢ⁾ xxiiiv⁰-xxv (d¹). — *Cartul. D*, p. 11, f° ii (e). — *Cartul. A*, pp. 31-33, f⁽ⁱˢ⁾ xvi-xvii (f) — (b) = *Cartul. B²*, f⁽ⁱˢ⁾xxv et v° (d²). — (d¹) = *Cartul. H¹*, f⁽ⁱˢ⁾ 75-76. — (d²) = *Cartul. H²*, f⁽ⁱˢ⁾ 76-77.

ÉDITIONS. — (a) = *Cartulaire de l'abbaye de Saint-Trond*, éd. PIOT, Bruxelles, 1870(-1874), in-4°, t. I, pp. 128-130. — (c) = *Cartulaire de l'Église Saint-Lambert de Liège*, éd. S. BORMANS et E. SCHOOLMEESTERS, Bruxelles, 1893, t. I, pp. 94-96. = ERNST, *Histoire du Limbourg*, Liège, 1847, in-8°, t. VI, pp. 152-154. — (d¹) = J. DE SAINT-GENOIS, *Histoire des avoueries en Belgique*, Bruxelles, 1837, in-8°, n° 11, pp. 208-210. — J. WOLTERS,

Notice historique sur l'ancien comté de Duras en Hesbaie, Gand,. 1855, in-8°, n° 8, p. 90-92. — MANTELIUS, *Historiae lossensis libri decem*, Leodii, 1717, p. 80-81 (éd. partielle.)

L'original en parchemin, est percé en plusieurs endroits et fort endommagé par l'humidité; il est muni d'un fragment de sceau pendant sur double queue de parchemin, de forme ronde, en cire brune, au type équestre de guerre : un cavalier galoppant à senestre, tête vue de face, casqué, se couvrant la poitrine d'un bouclier, le bras droit tendu et levant un glaive de la main droite. Légende : ..... DꝰꞏARL[O].....

☩ In nomine sancte et individue Trinitatis. ☩ Ego Heynricus de Lemburg qui et comes de Arlo. Semper equa petentibus facilis debetur exauditio maxime tamen cum discretionis soror una cum petentibus vicem agit ratio. Inde est quod petitione dilecti nostri Wirici, venerabilis abbatis ecclesie Sancti Trudonis, consilioque fidelium nostrorum, injuriis atque rapinis quas comes de Duraz aliique sub ipso advocati in allodio ejusdem ecclesie facere consueverant, finem inponere proposuimus, ne[a] unde alii delinquebant, inde nos peccati periculo subjacere videremur. Nam a minoribus advocatis quicquid delinquitur ad ipsum nimirum spectat, cujus se auctoritate non recte tuentur. Igitur ad Sanctum Trudonem venientes comitem de Duraz una nobiscum adesse precepimus, et in presentia ejus scabinos Sancti Trudonis Sanctique Stephani, quorum judicio hoc agendum erat, de jure nostro sicut justum est commonentes consuluimus. Ipsi vero, inpetrata de more consulendi licentia, de quadam nobis cartha, que nostra ab initio jura contineret, suggesserunt et ipsam ut presentari nobis faceremus atque fideli interpreti legendam comitteremus ex consilio petierunt. Quod nos ratum estimantes, cartham ipsam in scriniis ejusdem ecclesie quesitam, imagine et auctoritate domni Adelberonis, Methensis episcopi, insignitam invenimus, et omnia jura que idem episcopus predecessoribus nostris in allodio Sancti Trudonis indulserat, cum eis advocatiam daret, quemadmodum infra notata sunt, in ipsa nos invenisse gavisi sumus. Igitur in quibusdam curtibus que in ipsa abbatia sunt, videlicet Burlov, Mere, Lare, Wilre, Kyrkeim, Staden, Halmale (1), nichil nos

a. Ce mot est récrit.

(1) Cfr. *ci-dessus*, n° I.

juris habere comperimus, quia stipendiis asscripte fratrum nulli alteri obaudire debent, quam preposito et ejusdem monasterii cellerario. In villa autem Sancti Trudonis et in reliquis abbatie villis ex tribus generalibus placitis et ma[gno] banno, si quis forte infra villam vulneratus vel occisus fuerit, tercium denarium de jure advocatie habere debemus. Ceterum licet abbati vel ab eo constitutis de quocumque negotio sine advocato placitare, scilicet de terris, de domibus, de extraneis uxoribus ducendis, de familiis, nisi forte grandi exigente negotio ab abbate vel ministro ejus invitatus fuerit. Nam precarias et exactiones, que in hoc nostro seculo in precipiti vitiorum posito in castris prave consuetudinis unacum aliis militare ceperint, nec habemus, nec alicui sub nobis advocato de jure concedimus, ne, quod absit, de questu aliorum nostre anime periculum fovere videamur. Quod si comes vel aliquis ab eo constitutus advocatus in predictis curtibus vel in allodio ecclesie contra voluntatem abbatis ubicumque precarias vel exactiones facere voluerit vel aliquam violentiam contra hoc quod superius determinatum est, inferre presumpserit, hujusmodi warando esse recusamus et salva nostra justicia ut decreta in raptores sententia feriantur, non injustum esse censemus. Hujus rei testes sunt Gozuinus Vulpes, Walterus de turri, Theodericus de Viseym, Herimannus de Horne, Gunterus de Werme, Walterus de Gengeleym, Christianus de Overheym, Jordanus de Stapeln, Reynerus prepositus et quamplures alii. Acta sunt hec in ipsa sollempnitate venerabilis patroni ejusdem ecclesie anno ab incarnatione domini M̊. C̊. LXX̊V̊I, regnante Frederico glorioso Romanorum imperatore, Leodii presidente Rodulfo episcopo. Indictione VIIII.

V.

Thomas, abbé de Saint-Trond, et Arnould, comte de Looz et de Chiny, conviennent que celui-ci tient en fief de ce monastère toutes les maisons fortes situées dans l'alleu de Saint-Trond, et sous la domination dudit comte.

Avril 1245.

ORIGINAL. — Liége, Archives de l'État. *Chartrier de l'église Saint-Lambert*, n° 196 (a).

Copie. — *Cart. A*, pp. 122-123, f^{ls} LXI^{ro}-LXII (b).

Éditions. — (a) = *Cartulaire de l'Église Saint-Lambert de Liége*, éd. Bormans et Schoolmeesters. Bruxelles, 1893, t. I, p. 486. = *Cart. de l'Abbaye de Saint-Trond*, éd. Piot. Bruxelles, 1870, t. I, pp. 216-217. — (b) = *Codex diplomaticus Lossensis*, éd. J. Wolters. Gand, 1849, p. 194 (avec la date de 1303; p. 113, Wolters publie l'analyse de cet acte d'après Mantelius, avec la date de 1241). = Mantelius, *Historiae lossensis libri decem*. Leodii, 1717, pp. 188-189 (avec la date de 1241 et une grande liberté dans la transcription).

L'original et la copie présentent une rédaction différente sans toutefois modifier en rien les dispositions de l'acte. La copie contient la suscription des deux contractants, dégagée de toute formule protocolaire; le style n'a pas la précision et l'élégance relatives qui distinguent celui de l'original; la date manque. C'est ce qui nous porte à croire que la copie nous a conservé le texte de la minute, ou bien plutôt du procès-verbal des négociations rédigé séance tenante; tandis que l'original est l'expédition de cette convention remise par l'abbé de Saint-Trond au comte de Looz, dont les archives ont passé, avec les terres, à l'évéque de Liége et ont été déposées au chartrier de l'église Saint-Lambert. — Il faut noter encore que la copie contient le verbe pertinebunt, *dont l'absence dans l'original rend peu intelligible la dernière phrase du dispositif; nous l'avons ajouté à son endroit et placé entre crochets [ ].*

T[homas], permissione divina abbas Sancti Trudonis, totusque ejusdem loci conventus, universis presentes litteras inspecturis, salutem in Domino. Notum vobis facimus quod talis conventio inter nos, ex una parte, et dilectum advocatum nostrum Arnolphum, comitem de Los et de Chisni, intervenit, ex altera, quod omnes munitiones et domus que pontes habent ad levandum et bassandum in allodio ecclesie Sancti Trudonis, in comitatu de Los et in dominio ipsius comitis de Los facte et faciende, de nobis primo et principaliter et libere in feodis tenebuntur, et post ecclesiam Sancti Trudonis dicte domus et munitiones de dicto Arnolpho, comite de Los, et de suis heredibus, comitibus de Los, in perpetuis feodis immediate et ligio tenebuntur et debent teneri. Et ita quod predicte domus et munitiones ecclesie ·Sancti Trudonis patebunt et auxiliabuntur, si necesse fuerit, et contra dictum comitem de Los et suos successores et contra omnes alios homines. Et etiam predicte domus et munitiones dicto Arnolpho comiti et suis successoribus comitibus de Los patebunt et auxiliabuntur contra omnes homines, preterquam contra ecclesiam Sancti Trudonis. Sciendum est etiam quod omnia jura relevationum predictorum feodorum de mortuis manibus, integraliter [pertinebunt] ad ecclesiam Sancti Trudonis memoratam. In quorum omnium premissorum testimonium et ut premissa firma et stabilia permaneant presentes litteras fecimus sigillorum nostrorum munimine roborari. Datum anno domini m̊ c̊c̊ X̊L̊ quinto mense aprili.

VI.

Les échevins d'Helchteren font connaître les droits de l'abbé de Saint-Trond et de l'avoué dans cette localité.

Décembre 1261.

ORIGINAL. — Bruxelles, Archives du Royaume. *Chartrier de l'abbaye de Saint-Trond*, s. n° (a).

COPIES. — (a) = *Cartul. C*, f° 37 et v° (b). — *Cartul. D*, f^is LXXIIII. — Liège, Bibliothèque de l'Université, Manuscrit n° 268 intitulé : *Liber Sancti Trudonis*, f° 111 v° (c).

ÉDITIONS. — (a) = *Cartulaire de l'abbaye de Saint-Trond*, éd. PIOT. Bruxelles, 1870, t. I, pp. 300-302. — (b) = J. DE SAINT-GENOIS, *Histoire des avoueries en Belgique.* Bruxelles, 1837, p. 230-232 (d). — (d) = *Codex diplomaticus Lossensis*, éd. J. WOLTERS. Gand, 1849, pp. 142-144. — (c) = *Le livre de l'abbé Guillaume de Ryckel* (1249-1272). *Polyptyque et comptes de l'abbaye de Saint-Trond au milieu du XIIIe siècle*, éd. HENRI PIRENNE. Bruxelles, 1896, in-8°, pp. 315-316.

Le Liber sancti Trudonis ne contient que la première moitié du texte, jusqu'aux mots : inde facere voluntatem. — *L'original sur parchemin a été, par chacun des dix échevins témoins, scellé en pendant sur double queue de parchemin. Sur chaque queue est inscrit le nom de l'échevin scellant. Un sceau est complètement perdu; huit autres sont gravement endommagés ; enfin, le dixième, quoique très fruste, est complètement conservé. Tous étaient de forme ronde — sauf celui d'Egidius Villicus, qui est ogival,* — *et sont en cire verte. Quatre sont du type héraldique :* 1. Egidius miles : *quatorze* (4, 4, 3, 2, 1) *besants ou tourteaux, au franc-quartier d'hermine brochant, Légende.......* S' TRVD. ; 3. Willelmus Camerarius : *douze* (4, 4, 3, 1) *billettes, légende :* ✠ S W.......I SCAB... ; 4. Oliverus : *trois pals retraits, Légende :* ... S' OLIV∈R[I S]CA[BI NI SCI TRU]D. ; 9. Hu. Coman : *deux fasces, chargées chacune de trois coquilles* (?), *Légende :* ...... COA̅I̅S SCAB. S'. TRVƆ' (1). *Trois sceaux portent des oiseaux dans le champ :* 5. Waltgherus : *un épervier, Légende :* ✠ S'...... RI CABIꝈI D∈ S[CO TRV]DOꝈ∈ ; 7. Ro. dives : *une aigle éployée, Légende :* ✠ S'RVBINI... ; 8. Egidius Villicus : *deux oiseaux de grandeur inégale et au bec crochu, ayant tous les deux la tête penchée, le plus grand rapprochant le bec du col du plus petit comme pour le tuer, en tout cas ne rappelant certainement pas l'attitude du pélican, Légende :* S' ∈GIƆII Ɔ∈ S' ..... IꝈIO SCAƁIꝈI. *Enfin* 2. Walterus de domo lapidea : *un griffon dans le champ du sceau, Légende :* ✠ S' W' D∈ DO[M]O SCAB' S' TRVƆ'. — *Les légendes sont forts maltraitées, comme on l'a vu ; il faut remarquer que dans celle du sceau 5. l'S initial de* SCABINI *manque.*

Anno Domini m c̈c̈ Lx primo, mense decembri die sabbato ante festum beate Lucie virginis, Theodericus, Habraham, Johannes dictus Pelteman, Johannes dictus de Konincsel, Giselbertus, Daniël et frater suus Henricus, scabini, et Enkinus dictus Bruninch, forestarius, de Halegthra, constituti apud Sanctum Trudonem, in presentia scabinorum de Sancto Trudone, commoniti ab ipsis scabinis Sancti Trudonis, tanquam a suis superioribus sub debito fidelitatis prestite .. abbati et ecclesie Sancti Trudonis, prehabito consilio, dixerunt et declaraverunt quod dominus comes de Los et Willemus, quondam filius domini Gerardi de Buycth, advocati ville de Halegthra, nichil juris habent

---

(I) M. DE RAADT (*Sceaux armoriés des Pays-Bas et des Pays avoisinants.* Bruxelles, 1898......) *a décrit ces quatre sceaux. Il croit que l'écu du 3. est d'hermine plain (II, 171) ; il suffit de le comparer avec le franc-quartier du 1. qui est d'hermine, pour voir qu'il se trompe ; on est bien en présence de billettes. Au 4. nous donnons la lecture de* M. de Raadt (III, 64) ; *il nous semble cependant que ce sceau, qui est dégradé, était d'abord meublé d'un lambel à trois pendants.*

in banno neque in vennia apum ibidem; sed illa integre et libere
pertinent ad abbatem. Item si alique apes, que vocantur *Swarm*,
inveniantur pendentes in ramis arborum, tercia pars pertinet ad
advocatos, et due partes pertinent ad abbatem. Si vero apes
invente fuerint infra arborem, tunc advocati nichil juris habent in
illis, sed integre et libere sunt abbatis. Quando vero tempore
autumpnali *eker* sive glandes fuerint in silva, tunc singuli
mansionarii abbatis, manentes apud Halegthram, unam suem
cum illis parvis porcis, quos ipsa sus ultimo habuit, quod vulgariter
dicitur *ene soygh bit horen listen worpe*, gratis habere poterunt in
silva ibidem. De aliis vero porcis suis quos ponere volent in silva,
dabunt abbati vel suis nunciis de quolibet porco IIII^{or} denarios
leodienses. Ita tamen quod occasione glandium plures porcos non
emant, nec ab aliis recipiant ipsi mansionarii, quam per totum
annum habere et tenere consueverunt, et quam per hyemen
precedentem habuerunt. Quiconque vero hoc faceret, ipse tene-
retur hoc emendare erga abbatem. Item ipsi advocati, sive unus
advocatus fuerit sive plures, in autumpno, tempore glandium,
habere poterunt in silva triginta porcos et non plures, et unum
verrem. Tota vero residua utilitas glandium ac totius silve integre
et libere pertinet ad abbatem, et nullus alius potest ponere
porcos in silva, et nullus etiam potest succidere silvam preter
voluntatem ipsius abbatis. Sed ipse abbas de silva predicta que
tota sua est, libere et integre potest succidere quantum sibi
placuerit, et suam inde facere voluntatem. Item predicti scabini
de Halegthra declarando dixerunt, quod ictus campane in villa
predicta est abbatis Sancti Trudonis, et quod homines ville
predicte nullum tenentur sequi ad exercitum vel alias, nisi
abbatem Sancti Trudonis, quia omnis jurisdictio ibidem ipsius
abbatis est, scilicet de certamine, de vulneribus, de furibus sive
latronibus, ac etiam de aliis universis. De omnibus vero emendis
sive butis habet advocatus terciam partem et non plus. Una vero
emenda sive buta communiter asscendit ad quinque solidos
Trudoniensium antiquorum, qui valent IIII^{or} solidos Lovanienses.
Ita quod quando dominus accipere vult IIII^{or} solidos Lovanienses
pro buta, tunc ipse facit gratiam illis qui tenentur solvere butam.
Item quando abbas vel sui nuncii dant novam terram ad censum,
qui vocatur *utfanch*, tunc abbas retinet censum totum solus,
et advocatus habet terciam partem denariorum qui vocantur

vurhure et abbas retinet duas partes. Item omnes mansionarii tenentur tempore statuto solvere censum suum cum denariis paratis et non possunt se quitare cum vadiis. Quiconque vero non solverint censum suum tempore debito, tenentur ad emendam predictam et debent solvere censum cum emenda predicta, quam tenentur solvere cum solis splendore. Testes omnium predictorum : Egidius miles, Walterus, de Domo lapidea, Willelmus dictus camerarius, Oliverus, Woutgherus, Johannes dictus puer, Robinus dives, Egidius villicus, Hugo dictus Coman, Henricus de Foro, scabini Sancti Trudonis, qui sigilla sua presentibus litteris appenderunt, in omnium predictorum testimonium et munimen ac perpetuam firmitatem. Item Jacobus, prepositus sancti Trudonis, Reynerus de Rikle, miles, et quamplures alii.

Actum anno Domini m° cc° Lx primo, mense decembri.

VII.

Jean III, duc de Brabant, déclare que si, en sa qualité d'avoué, le comte de Looz ne fait pas rendre justice à l'abbaye de Saint-Trond, lui, duc de Brabant, la fera rendre en qualité de haut avoué de cette ville.

Bruxelles, 18 septembre 1326.

ORIGINAL. — Bruxelles, Archives du Royaume, *Chartrier de l'abbaye de Saint-Trond*, s. n° (a).

COPIES. — (a) = *Cartul. B*, f° xxxi et xxxi^ro. — *Cartul. D*, f° ci.

ÉDITIONS. — (a) = *Cartulaire de l'abbaye de Saint-Trond*, éd. PIOT, Bruxelles, 1870, in-4°, t. I, pp. 462-463. — MANTELIUS, *Historiae Lossensis libri decem*. Leodii, 1717, in-8°, pp. 247-248.

L'original, en parchemin, est muni d'un sceau pendant sur bandelettes tissées de chanvre vert, de forme ronde, en cire brune, au type équestre de chasse : dans le champ du sceau un cavalier trottant à dextre, vu de face, portant un faucon de la main gauche et conduisant le cheval de la main droite ramenée un peu en dessous de la poitrine ; à droite du cavalier le lion de Brabant, et sous le (= à côté du) cheval, un lévrier passant. Légende : ✠ .... BRAB .... GIE

Nos Johannes, Dei gratia Lotharingie, Brabancie et Limburgie dux. Notûm facimus universis, quod nobis placet et justum fore censemus, quod, quotienscumque injurias, violentias, gravamina et oppressiones inferri contigerit a quocumque, temporibus affuturis, religiosis viris .. abbati et conventui monasterii Sancti Trudonis, ordinis sancti Benedicti, Leodiensis diocesis, quorum simus superior advocatus, in jurisdictione, juribus et dominiis, quam et que dicti religiosi habent et habere dinoscuntur in opido Sancti Trudonis et districtu libertatis ejusdem, aut alibi, quod nobilem virum dominum .. comitem Lossensem vel ejus successores, tamquam advocatum, in dicto opido Sancti Trudonis, ratione advocatie hujusmodi, quam a nobis tenet in feodum, legitime requirant, ut eisdem religiosis exibeat vel exibeant seu exiberi faciat aut faciant, prout ex advocatie tenentur officio, super suis querimoniis justicie complementum. Qui .. comes aut successores ejusdem advocati, si sepedictis religiosis contradixerint, obmiserint, aut neglexerint facere aut procurare fieri justiciam, nos extunc memoratis religiosis faciemus fieri plenam justiciam cum effectu, si et quando fuerimus super hoc requisiti, prout ratione advocatie superioris dicti opidi ad hoc existimus obligati. In cujus rei testimonium sigillum nostrum presentibus litteris est appensum. Datum Bruxelle anno domini millesimo tricentesimo vicesimo sexto, in crastino beati Lamberti martiris et episcopi.

Au dos : de advocacia ecclesie nostre S. Trudonis pro comite lossensi ut advocato substituto, per dominum ducem Brabancie, Lotharingie, etcᵃ., quod debeat abbatem defendere in jura sua, etcᵃ. alias, etcˣ. *(XVᵉ siècle).* — littera de advocacia opidi et monasterii nostri per johannem ducem Brabancie, etc. *(XVᵉ siècle).*

LISTE DES PRINCIPAUX OUVRAGES CONSULTÉS.

1° SOURCES.

Gesta abbatum trudonensium (1), dont nous avons consulté deux éditions : la première, de KOEPKE, dans les *Monumenta Germaniae historica, Scriptores*, t. X, Hanovre, 1852 ; la seconde, de DE BORMAN, *Chronique de l'Abbaye de Saint-Trond*, 2 vol., Liége, 1877.

Le Livre de l'abbé Guillaume de Ryckel (1249-1272). Polyptique et Comptes de l'abbaye de Saint-Trond au milieu du XIII° siècle ; édité par H. PIRENNE, Bruxelles, 1896.

Le Cartulaire de l'abbaye de Saint-Trond, publié par CH. PIOT, 2 vol., Bruxelles, 1870-1874.

STRAVEN, *Inventaire analytique et chronologique des archives de la ville de Saint-Trond*, 4 vol., Saint-Trond, 1886-1893.

A. WAUTERS, *Table chronologique des chartes et diplômes imprimés concernant l'histoire de la Belgique*, 8 vol. avec supplément, Bruxelles, 1866-1896.

Coutumes du Comté de Looz, de la Seigneurie de Saint-Trond et du Comté impérial de Reckheim, publiées par L. CRAHAY, dans le *Recueil des Anciennes Coutumes de la Belgique*, 2 vol., Bruxelles, 1871-1872.

Le cartulaire d'Afflighem, publié par Ed. de MARNEFFE, dans les *Analectes pour servir à l'histoire ecclésiastique de la Belgique*, II° section : Série des Cartulaires, Louvain. En cours de publication.

Diplômes et chartes contenus dans les *Comptes-rendus des séances de la Commission royale d'histoire* (CRH), Bruxelles, 1° sér. t. V, 1842, t. IX, 1845 ; 3° série, t. II, 1861 ; 4° série, t. II, 1875 ; 5° série, t. IV, 1894.

---

(1) Dans nos références, nous avons préféré à la pagination, la division en livres et en paragraphes ou en numéros, division qui est la même dans les deux éditions.

J. Daris, *Le cartulaire de l'abbaye de Saint-Laurent*, dans le *Bulletin de la Société d'art et d'histoire du diocèse de Liége*, Liége, 1882.

Chronicon S. Huberti andaginensis, ed. Bethmann et Wattenbach, dans les *Monumenta Germaniae historica, Scriptores*, t. VIII, Hanovre, 1848.

2° Travaux modernes.

S. Balau, *Modave*, dans le *Bulletin de la Société d'art et d'histoire du diocèse de Liége*, t. VIII, Liége, 1894.

G. Blondel, *De Advocatis ecclesiasticis in rhenanis praesertim regionibus a nono usque ad tredecimum saeculum*. Thèse, Paris, 1892.

E. Bonvalot, *Histoire du droit et des institutions de la Lorraine et des Trois Évéchés*, Avoueries; pp. 134-142; 370-386, Paris, 1895.

H. Brunner, *Deutsche Rechtsgeschichte*, 2 vol., Leipzig, 1887-1892.

A. Cauchie, *La Querelle des. Investitures dans les diocèses de Liége et de Cambrai*, 2 vol., Louvain, 1890-1891. 2me et 4me fascicules du *Recueil de Travaux* publiés par les membres de la Conférence d'Histoire de l'Université de Louvain.

Courtejoie, *Histoire de la ville de Saint-Trond*. Saint-Trond, 1846.

J. Daris, *Histoire de la bonne ville et du comté de Looz*, 2 vol., Liége, 1864-1865.

J. Daris, *L'Avouerie de Saint-Trond*, dans les *Notices historiques sur les églises du diocèse de Liége*, t. XII, Liège, 1883, pp. 110 à 122.

C. de Borman, *Histoire du château de Colmont*, dans le *Bulletin de l'Institut archéologique liégeois*, t. V, Liége, 1862.

J. B. de Harenne, *Le château de la Rochette et ses seigneurs, avoués héréditaires de Fléron*, dans le *Bulletin de l'Institut archéologique liégeois*, t. XXII, Liége, 1894.

E. del Marmol, *Notice historique sur le village de Méhaigne*, dans les *Annales de la Société archéologique de Namur*, t. II, Namur, 1851.

Le même, *L'abbaye de Brogne ou de Saint Gérard*, dans les *Annales de la Société archéologique de Namur*, t. V, Namur, 1857-1858.

J. DEMAL, *L'Avouerie de Saint-Trond*. Episode de l'histoire de cette ville. Saint-Trond, 1856.

DE REIFFENBERG, *Essai sur l'histoire des Comtes de Duras en Hesbaye*, dans les *Nouveaux Mémoires de l'Académie de Bruxelles*, t. VIII, in-4, Bruxelles, 1834.

J. DE SAINT GENOIS, *Histoire des Avoueries en Belgique*, Bruxelles, 1837.

R. P. DE SMEDT S. J., *Les Origines du Duel Judiciaire;* et *Le Duel Judiciaire et l'Église*. Extraits des *Études*, Paris, 1894-1895.

DOM A. CALMET, *Histoire ecclésiastique et civile de la Lorraine*, 3 vol., Nancy, 1728.

DUCANGE, *Glossarium mediae et infimae latinitatis*, 7 vol., Paris, 1840-1850, V. Advocati.

M. S. P. ERNST, *Histoire du Limbourg*, publiée par E. LAVALLEYE, 6 vol., dont le dernier est un *Codex diplomaticus*, Liége, 1839.

J. FLACH, *Les Origines de l'ancienne France aux Xe et XIe siècles*, 2 vol., Paris, 1893.

FUNCK, *Histoire de l'Église*, traduction de l'abbé HEMMER, 2 vol., 3e édition, Paris, 1895.

FUSTEL DE COULANGES, *Étude sur l'Immunité mérovingienne*, dans la *Revue historique*, t. XXII, Paris, 1883.

A. HANSAY, *Étude sur la formation et l'organisation économique du domaine de l'abbaye de Saint-Trond*, dans le *Recueil de Travaux* publiés par la Faculté de philosophie et lettres de l'Université de Gand, 22e fascicule, Gand, 1899.

A. HANSAY, *Les origines de l'État liégeois*, dans la *Revue de l'Instruction publique en Belgique (RIP)*, t. XLIII, Bruxelles, 1900.

R. P. LAMBRECHTS, *Nécrologe de l'abbaye bénédictine de Saint-Trond*, Saint-Trond, 1889.

K. LAMPRECHT, *Deutsches Wirtschaftsleben im Mittelalter*, I^2 Darstellung, Leipzig, 1886.

TH. LEURIDAN, *L'Avouerie de Tournai, essai sur l'histoire de cette institution*, dans les *Annales de la Société historique et archéologique de Tournai*, Nouvelle série, t. IV, Tournai, 1899.

A. LUCHAIRE, *Manuel des Institutions françaises*, Paris, 1892.

J. MANTELIUS, *Historiae lossensis libri decem*, ed. Robyns, Liége, 1717.

DOM MARTÈNE, *Voyage de deux bénédictins de la Congrégation de Saint-Maur*, Paris, 1724.

E. MATTHIEU, *L'Avouerie de Mons*, étude historique. Extrait des

Annales de l'Académie d'Archéologie de Belgique, Bruxelles, 1885.

Ch. Piot, *Le Cartulaire de l'abbaye de Saint-Trond*. Introduction au t. II, Bruxelles, 1872, pp. xii-xix.

H. Pirenne, *Histoire de Belgique, des origines au commencement du XIV° siècle*, Bruxelles, 1900.

E. Poullet, *Histoire politique nationale*. Origines, développements et transformations des Institutions dans les Anciens Pays-Bas, 2° édition, 2 vol., Louvain, 1882.

E. Poullet, *Essai sur l'histoire du droit criminel dans la principauté de Liége*, dans les *Mémoires couronnés et autres Mémoires de l'Académie royale de Belgique*, t. XXXVIII, in-4°, Bruxelles, 1874.

H. Radier, *De Voogdij in ons land gedurende de middeleeuwen*, Amsterdam, 1881.

Robaulx de Soumoy, *Texte et traduction de la Chronique de Saint-Hubert*, dite *Cantatorium*, Bruxelles, 1847, pp. 199-208.

L. Schucking, *Das Gericht des westfälischen Kirchenvogts*, (900-1200). Dissertation. Munster, 1897. Extrait de *Zeitschrift für vaterlandische Geschichte und Alterthumskunde*, Münster, 1897.

R. Schröder, *Lehrbuch der deutschen Rechtsgeschichte*, 3°·édition, Leipzig, 1898.

J. Stouren, *Histoire de l'ancien ban d'Olne et de la domination des Calvinistes dans ce territoire*, dans le *Bulletin de la Société d'art et d'histoire du diocèse de Liége*, t. VII, Liége, 1892.

Thomassin, *Ancienne et nouvelle discipline de l'Église*, 3 vol., 1678.

P. Viollet, *Droit public; Histoire des Institutions politiques et administratives de la France*, 2 vol., Paris, 1890-1898.

G. Waitz, *Deutsche Verfassungsgeschichte*, t. VII, Kiel, 1876.

F. von Wiekede, *Die Vogtei in den geitslichen Stiftern des fränkischen Reiches von ihrer Enstehung bis zum Aussterben der Karolinger in Deutschland*. Dissertation. Lübeck, 1886.

ERRATA.

Page 7, note 2, au lieu de *gewögnlichen*, lire *gewöhnlichen*.

» 13, » 4, » » 56, » 6.
» 17, » 7, » » Othon, » Otton.
» 20, » 5 (l. 2), » signale, » signalent.
» 82, ligne 28, au lieu de vécut, » régna.
» 82, note 2, ajouter après p. 17.
» 96, » 2, au lieu de 86, lire 85.
» 97, » 15, au lieu de civile, » servile.

TABLE DES MATIÈRES.

Université catholique de Louvain.

REVUE D'HISTOIRE ECCLÉSIASTIQUE.

La *Revue d'histoire ecclésiastique*, publiée à l'Université catholique de Louvain sous la présidence d'honneur de Monseigneur ABBELOOS, Recteur honoraire, et la direction de MM. A. CAUCHIE, professeur d'histoire ecclésiastique et P. LADEUZE, professeur de patrologie, avec le concours de MM. A. BONDROIT, R. MAERE et A. VAN HOVE, professeurs à la faculté de théologie, paraît tous les trois mois, depuis le 15 avril 1900, par livraisons d'environ 200 pages in-8°. Elle forme par an un volume de 800 pages au moins.

Le Comité de rédaction s'est tracé un cadre à la fois très large et très précis. La Revue embrasse l'histoire de tous les peuples chrétiens depuis Jésus-Christ jusqu'à nos jours; elle renseigne sur toutes les manifestations de la vie externe et interne de l'Église : les vicissitudes de son expansion à travers les siècles; l'histoire de sa constitution, de sa littérature, de son dogme, de son culte et de sa discipline; l'histoire de ses rapports avec le pouvoir civil et de son action sur la civilisation des nations chrétiennes. Enfin, elle s'occupe des diverses parties de la méthode historique envisagée au point de vue des progrès de l'histoire ecclésiastique.

Chaque livraison de la Revue contient : 1° des articles de fond et des mélanges originaux sur les diverses questions d'histoire ecclésiastique; 2° une bibliographie aussi complète que possible des ouvrages et des articles relatifs au passé de l'Église avec l'indication des principaux comptes rendus dont ces ouvrages et ces articles ont été l'objet; 3° l'analyse et la critique des publications les plus importantes d'histoire ecclésiastique; 4° des nouvelles de tout genre sur le mouvement des études et des travaux dans ce domaine.

Pour réaliser son programme, le Comité de rédaction s'est assuré la collaboration de nombreux travailleurs d'élite parmi les anciens membres du Séminaire historique de Louvain, dans les rangs du clergé régulier, chez le personnel des Archives et des Bibliothèques, au sein du corps professoral des Séminaires et des Universités en Belgique et à l'étranger.

Dès son apparition, la *Revue d'histoire ecclésiastique* a reçu l'accueil le plus honorable dans les divers milieux scientifiques.

Le prix annuel de la *Revue d'histoire ecclésiastique* est fixé à 12 francs pour la Belgique, à 15 francs pour les autres pays. Le prix d'une livraison particulière est fixé à 4 francs, le port en sus.

Tout ce qui concerne la *Revue d'histoire ecclésiastique* (abonnements, paiements, manuscrits, envois d'ouvrages), doit être adressé franco au COMITÉ DE RÉDACTION, rue de Namur, 40, à Louvain (Belgique).

UNIVERSITÉ DE LOUVAIN

RECUEIL DE TRAVAUX

PUBLIÉS PAR LES MEMBRES

DES CONFÉRENCES D'HISTOIRE ET DE PHILOLOGIE

SOUS LA DIRECTION DE

MM. F. Béthune, A. Cauchie, G. Doutrepont, Ch. Moeller et E. Remy

PROFESSEURS A LA FACULTÉ DE PHILOSOPHIE ET LETTRES

Les sept premiers fascicules ont été publiés par les membres de la *Conférence d'histoire* fondée et dirigée par M. le professeur CH. MOELLER. Par suite de l'extension des cours pratiques à la Faculté de philosophie et lettres, ce Recueil a élargi son cadre et comprend les mémoires élaborés par les membres des *Conférences d'histoire et de philologie* que dirigent MM. les professeurs F. BÉTHUNE, A. CAUCHIE, G. DOUTREPONT, CH. MOELLER et E. REMY.

PREMIÈRE SÉRIE :

1er FASCICULE : A. CAUCHIE. **Mission aux archives vaticanes.** *(Épuisé)*

2me FASCICULE : A. CAUCHIE. **La querelle des investitures dans les diocèses de Liége et de Cambrai.** *Première partie* : Les réformes grégoriennes et les agitations réactionnaires (1075-1092). Prix : fr. 3.50.

3me FASCICULE : A DE RIDDER. **Les droits de Charles-Quint au duché de Bourgogne.** Un chapitre de l'histoire diplomatique du XVIe siècle. Prix : fr. 2.50.

4me FASCICULE : A. CAUCHIE. **La querelle des investitures dans les diocèses de Liége et de Cambrai.** *Deuxième partie* : Le schisme (1092-1107). Prix : fr. 3.50.

5me FASCICULE : C. LECOUTERE. **L'Archontat athénien** (histoire et organisation) d'après la ΠΟΛΙΤΕΙΑ ΑΘΗΝΑΙΩΝ. Prix : fr. 2.50.

6me FASCICULE : H. VAN HOUTTE **Les Kerels de Flandre.** Contribution à l'étude des origines ethniques de la Flandre. Prix : fr 1.50.

7me FASCICULE : H. VAN HOUTTE. **Essai sur la civilisation flamande** au commencement du XIIe s , d'après Galbert de Bruges. Prix : fr. 2 50.

DEUXIÈME SÉRIE :

8me FASCICULE : J. LAENEN. **Le ministère de Botta Adorno dans les Pays-Bas autrichiens** pendant le règne de Marie-Thérèse (1749-1753). Prix : fr. 5.00.

9me FASCICULE : C. LECLÈRE. **Les avoués de Saint-Trond.** Prix : fr. 2.50.

10me FASCICULE : C. LIÉGEOIS. **Gilles de Chin : l'histoire et la légende** *(sous presse).*

11me FASCICULE : A. BAYOT. **Le roman de Gilles de Trazegnies** *(sous presse).*

9 780365 601319